ダン・ザハヴィ

初学者のための現象学

中村 拓也 訳

晃 洋 書 房

Phänomenologie für Einsteiger

by

Dan Zahavi

凡例

一　本書は、Dan Zahavi, *Phänomenologie für Einsteiger*, Wilhelm Fink, 2007の全訳である。
二　「　」は、原文中の二重引用符と引用符を表すために用いた。
三　（　）は原文どおりであるが、原語を表記するためにも用いた。
四　［　］は著者による補足を表す。〔　〕は訳者による補足を表す。〈　〉は引用テクストの編者の補足を表す。
五　――は原則として原文どおりであるが、訳者が補足的に用いた箇所も若干ある。
六　……は、原文中の［…］であり、著者による省略を表す。
七　傍点を付した部分は、原文ではイタリックで強調された部分である。
八　巻末の文献表の文献案内には、訳者の判断で日本語文献も加えた。
九　引用文に関しては、原典が英語やフランス語の著作から引用であっても、原書で用いられているドイツ語訳をもとに訳者が訳出した。文献表に挙げた翻訳や英語とフランス語の原典も適宜参照したが、原書はドイツ語の訳書に著者によってさらに変更が加えられており、原書そのものの文体や表現の統一を優先するために、原書のドイツ語から訳者が訳出した。そのため、翻訳書・原書とニュアンスが異なる場合がある。

十　引用・参照は、巻末の文献表のI．引用文献と対応している。（　）に、著者名、出版年、頁の順で示し、出版年と頁の間を：で区切っている。複数の著作の参照指示については、；で区切っている。なお、翻訳文献がある場合には、／の後に、邦訳を同じ仕方で示した。例（Husserl 1984: 646; 1976: 90f./1976: 138f.; 1979: 186f.）＝Husserl, E., *Logische Untersuchungen II*. Husserliana XIX/1-2. Den Haag: Martinus Nijhoff, 1984, S. 646, Ders., *Ideen zu einer reinen Phänomenologie und phänomenologischen Philosophie I*. Husserliana III/1-2. Den Haag: Martinus Nijhoff, 1976, S. 90f. フッサール『論理学研究』四、立松弘孝訳、みすず書房、一九七六年、一三八頁以下、『イデーンI-1』渡辺二郎訳、みすず書房、一八六頁以下。

序

現象学は二〇世紀の有力な哲学的諸潮流のなかの一つの潮流の名である。たいていはエトムント・フッサールがその創始者として挙げられる。主な代表者としては――他の哲学者たちと並んで――マクス・シェーラー、マルティン・ハイデガー、アーロン・グールヴィッチ、ローマン・インガルデン、アルフレット・シュッツ、ジャン＝ポール・サルトル、モーリス・メルロ＝ポンティ、エマニュエル・レヴィナス、ポール・リクール、ジャック・デリダ、ミッシェル・アンリ、ジャン-リュック・マリオンのような哲学者たちを挙げることができる。ほとんど全ドイツ-フランスの哲学、テオドール・W・アドルノ、ジャック・ラカン、ハンス-ゲオルグ・ガダマー、ミッシェル・フーコー、ユルゲン・ハーバマスのような思想家は、現象学の影響下で、（批判的に）現象学に対して立場をとってきたし、現象学は、さらにはいくつかの後の理論形成――解釈学であれ、実存主義であれ、脱構築であれ――の決定的な前提であり、たえざる議論の相手とみなされねばならなかったので、当然ながら――いくらか誤解を招きやすいが――いわゆる大陸哲学の礎石とみなすことができる。

現象学の学問論的寄与は、とりわけ四つの領域に現れる。一、現象学は、たとえば、真理、明証、根拠づけ、基づけ、解釈、直観、先理解、有限性などといった概念の分析のような多くの認識論的分析と学問論的分析を比較的に形式的・技巧的な様式で提示する。[1] 二、主観を身体的、社会的、文化的に埋め込まれた世界内存在として理解する人間的実存というその重要なモデルによって、現象学は、人文科学と社会科学の発展のための枠組みを提供する。三、消去主義、客観主義、科学主義のような学問論的立場についての鋭い批判によって、現象学は、実証科学をいくつかのかなり広く行き渡った疑似科学的理論の遺物から解放することができる。四、最後に、現象学は、多くの経験科学にとって関連がある具体的分析を提供する。すなわち、美学的テクスト理解や絵画理解の分析（ローマン・インガルデン、ミケル・デュフレンヌ）、都市計画や建築についての分析（クリスティアン・ノルベルク-シュルツ）、妄想や自我障害についての分析（ユジェーヌ・ミンコフスキ、ヴォルフ・ブランケンブルク、ルイス・サース）、母子関係の分析（ケーテ・マイヤー＝ドラーヴ）、異文化との遭遇の分析（ベルンハルト・ヴァルデンフェルス）、社会構造の確立の分析（アルフレット・シュッツ、ピーター・L・バーガー、トーマス・ルックマン、ハロルド・ガーフィンケル）である。[2]

現象学はいくつかの具体的な学問に対して重大な影響を与えてきただけではなく、これからも与えるのであり、まさに今日再び新たな関心の対象なのである。現象学のルネサンスについて語ることはけっして大げさなどではないだろう。

ほとんどすべての後の現象学者は、そのつど自分なりのやり方で、フッサールのもともとのプログラムを取りやめてしまったけれども、そして現象学は多くの観点できわめて異種雑多な運動を展開しているけれども、そのほかにも多くの一貫した根本主題が存在する――そしてまさにこの根本主題に以下の論述は集中する。

本書の第一部は、一般的な方法論的動機を、つまり、現象学の現象概念、一人称パースペクティヴの強調、方法論的反省の意義の主張、事象そのものへ遡り行くという要求、最後に生世界の分析を論じる。メルロ=ポンティの主著『知覚の現象学』への序論を詳しく見ることで第一部は仕上げられる。つまり、〔『知覚の現象学』の〕序論は「現象学とは何か」という問いに対する要約された答えを与えようとする。メルロ=ポンティは、フッサールの洞察のみならず、同様にハイデガーの洞察もまた取り上げ、さらに前進させるので、かれの序論は、この問いに対する陰影に富み、よく考えられた回答の見本なのである。

本書の第二部は、特殊問題の深められた論述に当てられる。さしあたり具体的な現象学的分析の二つの実例を紹介するつもりである。その際、まず身体と空間の関係の分析が問題であり、ついで相互主観性の分析が問題である。現象学の社会学との関係についての若干の考察で第二部は閉じられる。

付録は、現象学の五人の最重要の代表者、フッサール、ハイデガー、サルトル、メルロ=ポンティ、レヴィナスの短い伝記を含んでいる。

目次

第二部　具体的分析

第一部　方法論的根本主題

第一章　現　象

現象学の現象概念の簡潔な説明に取りかかることにしよう。文字通りには、現象学は、諸々の現象についての学問を意味する。さてしかし、現象という語はどのように理解されねばならないのか。日常語では、現象という語はよく他の概念と対立的に用いられる。現象 対 本質、現象 対 物理的現実。現象とは、対象が無媒介的に自己を示す仕方、対象が現れる仕方である。こうした普通の理解に従うならば、対象が真に何であるかを暴き出すためには単に現象的なものを超え出て行かねばならないと主張することは当然である。そうすると、現象は、対象がわれわれに現出する仕方であり、われわれのまなざしに呈示される仕方であって、対象が即自的にある仕方ではない。さて、現象学は、そうした現象概念を用いたならば、単に主観的なものや仮象的なものや表面的なものについての学にほかならなかっただろう。しかし、それはけっして現象学ではない。ハイデガーが『存在と時間』の第七節で詳細に述べているように、現象は対象そのものの現出の仕方として理解されねばならない。現象は、自己自身から現出するもの——自己を顕現させるもの、自己を示現するもの——である。したがって、まったく一般的には、現象学は、対象のさまざまな現出の仕方の哲学的分析として把握することができ、それに関連して、対象にあるがままに自己を示すことを可能にする理解構造の反省的研究として把握することができる。

現象学の重要な功績は、さまざまな現象類型の目録化である。たとえば、物理的事物、使用対象、藝術作品、旋律、事態、数、動物、社会的関係の現出の仕方には本質的な区別がある。その際、同じ対象は当然それ自身もまた非常に異なる仕方で現出することがある。あちら側やこちら側から、弱い照明や強い照明の下で、知覚されたものや、空想されたものや、想起されたものとして、確認されたものや、疑われたものや、伝えられたものとして。対象は多かれ少なかれ直接に与えられていることがあり、多かれ少なかれ現在的でありうる。わたしは、なるほどけっして見たことがないが、家の裏庭に立っていると聞いた枯れた樫の木について語ることができ、樫の木についての詳細な描像を考察することができ、樫の木自体を知覚することができる。わたしは、夜を路上で過ごすことが被災者にとってどれほど恐ろしいかについて語ることができ、そのテーマについてのテレビ番組を見ることができ、またそれ自体を体験することもできる。ここではさまざまな認識的（認識上の）水準について語ることができる。対象の最低次の、あるいは、最も貧困な現出の仕方を表意的作用が形成している。当然、こうした（言語）作用には指示対象があるが、しかし対象自体は直観的な仕方では与えられていない。なるほど、想像的作用は、直観的内容に関わるが、しかし、さらに対象をただ間接的に志向するにすぎないということを表意的作用と共有している。すなわち、表意的作用は対象を偶然的な代表象（記号）を介して志向し、想像的作用は客観とのある一定の類似性を有する代表象（像）を介して対象を志向する。知覚がはじめてわれわれに対象を直接に提示するのであり、知覚がはじめてわれわれに対象自体を「それ自体で」（Husserl 1984: 646; 1976: 90f./1976: 138f.; 1979: 186f.）現前呈示するのである。フッサールが言うように、すべての再現前化する（準現在化する）作用は、派生的作用であり、対象を最もよく、最も無媒介的かつ最も根源的に提示する現出形式としての本来的現前化（現在化）を指示する。したがって、対象の現出を、本質的でないものや単に主観的なもの、いっそう詳しい研究に値しないものとみなす代わりに、現象学は、まさにこうした研究の決定的な哲学的価値を主張するのである。

したがって、現象学にとって特徴的なのは、われわれに現出するとおりの世界が――知覚においてであれ、実践的交渉においてであれ、科学的分析においてであれ――唯一現実的な世界であるという捉え方である。その上にまたこの世界の根底にある世界、あらゆる現出、あらゆる経験的・概念的明証を超出する世界が存在し、この世界が真の現実を形成していると主張することは、現象学者によって、あらゆる現象学的明証を欠く空虚な思弁的主張とみなされるだろう。現象学者は次のような意見ですらあるだろう。そうした主張は決定的なカテゴリー・ミステイクを、現実的世界という概念そのものの間違った適用を内容とする、と。したがって、現象学は二世界説と呼ぶことができるものを、すなわち、われわれに現出するとおりの世界とそれ自身であるとおりの世界との間の区別を、きっぱりと拒絶する。

現象学者は、現出と現実の間の区分を破棄しようとはしないし、現象学者にとっては二つの分離した領域が問題なのではなく、現出する世界そのものに属する内的な区別が問題なのである。したがって、対象がちらっと一瞥する際に現出することができる仕方と、最適な状況の下で、たとえば、入念な科学的研究に照らして現出する仕方との区分が問題なのである。対象の実在は、現出が現実的対象を何らかの仕方で隠しているかのように、対象の現出の手前や背後に求められはしない。

　したがって、現象学は単なる現出の理論ではない。あるいは別様に言えばこうである。すなわち、現象は単なる現象ではない。対象が現出する仕方は、対象自体にとって非本質的ではない。対象の現実的組成を把握しようとするならば、対象が現出したり自己を顕現させる仕方を念頭に置くべきである――感覚経験であれ、科学的分析であれ――。したがって、対象の本来的本質様式は、現象の背後のどこかに隠されているのではなく、まさに現象のなかで展開される。ハイデガーが述べるように、現象の背後に、現象がただ代表象していたにすぎないいっそう基礎的なものがあると主張することは現象学的に無意味だろう（Heidegger 1979: 118/1988: 105）。自然科学者が現象を単に主観的なものとして理解するのに対して、あるいは、客観的現実を覆い隠すベールとして理解するのに対して、現象学者はこう強く主張するのである。事象があるひとにとって現象であるときに、そしてその場合にかぎり、したがって、事象があるひとに現出し、経験され、理解され、認識されるかぎりで事象そのものに関わっている、と。

第二章　一人称パースペクティヴの意義

現象学者は一貫して一人称パースペクティヴのもつ意義を強調してきた。それによって、現象学は、科学のなかから人間の主観を抹消することに一般に努めているいわゆる客観主義と対立する。しかし、主観性（人間的実存、自己、現存在）の構造へのこうした関心は何に由来するのか。主観性と主観性の連関相互の本質的動向の記述と総括というこうした願望は何に由来するのか。もし、一人称パースペクティヴの現象学的研究が、目的自体であったならば、現象学はある種の哲学的心理学や哲学的人間学だっただろう。けれども、主観性への現象学の関心は、心理学的本性や人間学的本性をもつものではない。決定的な点は、心的現象を理解するためには一人称パースペクティヴを取り入れなければならないという比較的平凡な事実ではない。むしろその分析は超越論哲学的に行われており、経験や認識そのものの可能性の条件に関係しているのである。

テーゼは次のとおりである。もし、認識、真理、意味、意義、根拠づけなどの原理的条件を理解したいならば、一人称パースペクティヴの取り入れは欠くことができない条件をなしている。別様に言えば、現象学者が、主観性の基礎的な特性を記述することと分析することに、その中でまた志向性（対象に向けられていること）の本質様式、身体性、時間性、歴史性、相互主観的（社会的・共同体的）係留などを記述したり分析したりすることにそれほどまでに取り組んでいたならば、現象の、現出する世界の余すところのない研究は必然的に主観性を顧慮しなければならないという確信からそうしたのだった。それは、世界を理解するために、さしあたり主観性を研究しなければならず、そうしてはじめて――そしてまたただ間接的にだけ――世界に突き進むことができるということではない。その思想は、むしろあらゆる現象、対象のあらゆる現出することは、つねに何かが誰か**に**対して現出することであるということである。どのようにして物体的対象、数学的モデル、化学的過程、社会的関係、文化的産物が、あるがままに、しかも対象がもつ意義と共に現出することができるのかを理解したいならば、諸対象がそれにとって現出する主観や諸主観を不可避的に含め入れねばならない。現出する対象に関わるならば、表象され、経験され、判定され、評価され、価値づけられ、理解され、想起される等々の対象に関わるならば、諸々の志向性の形式にも、現出する対象が必然的に関係づけられている、表象作用、知覚作用、判断作用、価値作用にも〔関心は〕向かうのである。

ある単純な事例が思考の歩みを直観的にわかるようにするだろう。わたしが、茶色のすり切れたトランクのある部屋に踏み入ると想定してみよう。鞄はわたしに否応なしにある特定の仕方で現出するだろう――たとえば、パースペクティヴ的に。つまり、わたしはけっしてトランク全体を一度に認識することはできず、トランクのさまざまな可能的側面（前面、背面、下面、上面、内面）のうちそのつどただある特定の側面を認識することができるにすぎない。さらに、トランクはある特定の照明の下で現出し、ある特定のことを背景に現出し、最後に、当然またある特定の脈絡のうちである特定の意味を伴って現出する。したがって、わたしの以前の経験といまの関心に応じて、そのトランクはたとえば旅行装備として現出することになり、古い手紙を保管するための入れ物として、すべての事物には裏面があるというテーゼを直観的にわかるようにするものとして、エリス島の思い出として、四〇年にわたる流罪の象徴として現出することになる。言い換えれば、わたしは同一のトランクと、実践的にも理論的にも、相当な数のさまざまな仕方で関わり合う。いかにしてトランクがこうしたさまざまな仕方で現出することができるのかを理解したいならば、必然的にトランクがそれにとって現出する志向的主観を考慮しなければならない。それは実際まさしく主観、いっそう厳密には、対象がそのなかで現出するパースペクティヴを据える身体的主観なのである。

現象学は対象が現出することに注意する。しかし、現象学は対象の所与性を意識にもたらすだけではなく、対象の現出の主観的な相関者をも、したがって、そのつどの場合場合で働いており、対象を現出させる志向性の様式をも意識にもたらす。現出する対象を研究するならば、われわれはわれわれをそれ自身また対象がそれにとって現出するものとして示す。したがって、現象学的分析の主題は、現象学が世界を犠牲にして意識を主題にするのではないのと同じく、けっして没世界的主観ではない。まったく反対に、まさに世界がそのなかで現出する領域を意識が形成するがゆえにこそ、現象学の関心は意識に向けられるのである。

現象分析によって現象学は主観／客観二分法を超えて思考しようとするのであり、そうしてまさに世界と主観性の間の関連を研究する。それによって、現象学は認識論と存在論の間の従来の区別の克服に寄与する。伝統的認識論は、主観と世界の明確な分離を前提する。したがって、伝統的認識論の決定的問題は、どのようにして両者を結びつけることができるのかという問いとなる。すなわち、どのようにして周囲世界に到達することができるのか、どのようにして世界はわれわれの意識のなかに入ってくることができるのか、と。反対に、従来の存在論は、現実を「どこからのものでもない視界」から記述しようとする、すなわち、主観性もさまざまな様式の現出することも顧慮しない、世界の絶対的に非パースペクティヴ的な呈示を提供しようとする。けれども、現象の現象学的研究は、われわれの理解の仕方と経験の仕方の分析を許容し、同時に、客観自体と客観の現出の仕方に新しい光を投げかけることを可能にする領野に取り組む。それは、疑いなく存在論は現象学としてのみ可能であり、人間的世界内存在の分析があらゆるさらに進んだ存在論的研究への鍵であるという『存在と時間』でのハイデガーのテーゼにとっての根拠でもある（Heidegger 1986: 35ff./2013: 49ff.）。

まったく一般的に、現象学者は、世界は単純に単に手前にあるもの〔事物的なもの〕（Vorhandenes）ではないと主張する。世界は現出し、そして世界の現出の構造は、それはそれで世界との関係でのみ理解することができる主観によって条件づけられ、可能にされている。世界と主観性の関係は、およそ関連づけることはできるが、また分離することもできる二つの積み木の間の関係と比較することができる偶然的関係ではない。主観は、世界との関係でのみ理解することができるのであり、そして逆に、世界が主観に現出し、主観によって理解されるかぎりでのみ世界に意味を与えることができるのである。こうしたことを背景に、フッサールはこう説明することができる。現実は、あらゆる経験の脈絡、あらゆる概念的ネットワークからまったく独立に現実存在する単に手前にあるもの〔事物的なもの〕ではない、と。それに反して、現実は、顕現し展開するために、主観性を、すなわち、経験に基づく概念的なパースペクティヴを必要とする妥当連関と意義連関なのである。それゆえ、フッサールはこうも書くことができる。絶対的（したがって、自立的な、主観に依存しない）現実について語ることは、丸い四角について語るのと同じく反意味的だろう、と（Husserl 1976: 120/1979: 239）。それは、哲学的観念論に従えば当然に聞こえるかもしれない。けれども、すべての現象学者に感じ取れる決定的テーゼは否定的にも定式化することができる。主に、現実、世界、真理の理解は主観性を完全に度外視することで手に入れることができるし、そうすべきであると主張する客観主義を拒否することが重要なのである。メルロ＝ポンティが『知覚の現象学』で書いているように、主観が世界から分離できないように、世界は主観から分離できないのである（Merleau-Ponty 1945: 491f./1974: 335f.）。

第三章　現象学的エポケーと還元

現象学の課題は、存在構制と本質構制にかかわる哲学的な根本の問いの主題化と攻究とにある。けれども、こうした研究は、われわれが囚われており、ほとんどの学問によって最大の自明さでもって是認されている定着した形而上学的・認識論的根本想定が単純に前提され、認容され、継承されるならば、要求される根本性をもって完遂できない。

どのような根本想定がフッサールによれば、たやすくは受け入れられないのだろうか。最も基礎的な根本想定は、およそわれわれ自身と他の人間がその一部分を形成している外的現実が存在し、この現実が完全にわれわれから独立にとにかく所有する存在仕方と本質様式とを所持しているという暗黙の信頼である。その際、ほとんどの実証科学によって共有されているだけではないそうした基礎的性格をもつ想定が問題なのである——フッサールによればその想定は、まさしく自然的態度と呼ぶことができるほどに深くまでわれわれの哲学以前の生を規定している。

けれどもまったく同じように、その想定がどれほど直接的で自然に思えようとも、その妥当性を単純に前提することは哲学的にはまったく想定不可能だろう。むしろその想定は根本的に吟味されねばならない。いまやフッサールはこう説明する。自然的態度を主題化し、自然的態度をまさにそのことによっておよそはじめて態度として意識するときに、画期的な発見が目前に迫っている、と。つまり、そのときわれわれは、主観性が、世界のなかの他の対象の内の単に一つの対象ではなく、その固有の、まったく特別な存在を所持していることを発見することになる。そこで単に世界内部的な対象や実践的活動に取り組んできた哲学以前の生をやめないかぎりは、自然的態度の根本構造も、われわれ固有の主観性の特別な徴表もわれわれには隠されたままであり続けることになるだろう。

　けれども、決定的な問いは、先入観にとらわれない哲学的研究をどこで始めなければならないのかということである。フッサールの答えは、一見すると非常に単純である。研究は、現実に取り組まねばならず、しかも、現実が現出するとおりに、現実が経験に示されるとおりに、現実に取り組まねばならない。というのは、まさにこうした経験に十分に根拠づけられた想定は支えられているからである。けれども、与えられたものに取り組むことは、行うよりも言う方が簡単である——与えられたものに取り組むことはいくつかの方法論的準備を必要とする。自然的態度の素朴性だけではなく、現実のもつ形而上学的構制についてのさまざまな思弁的仮説をも避けるためには、自然的態度への同意を中止することが不可欠である。なるほど（態度を研究するために）態度を維持するが、その妥当性を括弧のなかに入れるのである。われわれの自然的傾向に従うことを放棄するこうした策動は、現象学的エポケーと還元と呼ばれる。

この点で本来何が問題であるのかを誤解することはけっして許されない。エポケーを行うことはけっして、現実に背を向けること、現実を背後においておくことや閉め出すことを目的とするのではなく、単に、はっきりと直接に現象学的に与えられたものへと、客観へと、しかもまさにそれが現出するとおりに注意を向けるために、世界に対するある特定の独断的態度を中止したり中立化したりすることを目的とするのである。現実のもつ本来の存在意味を顕わにすることは、フッサールにとってただこうした判断中止によってのみ可能であり、この中止によってのみ世界の存在は哲学的に接近可能なのである。したがって、エポケーの遂行の目標は、世界の本来的意味を顕わにすることができる世界の研究を可能にすることにある（Husserl 1959: 457）。こうした連関で意味について語ることは――フッサールがかなりはっきりと強調していることだが――世界の存在が現象学的研究によって顧みられないままであるということをけっして意味しない（Husserl 1959: 432）。フッサールにとって世界の回避できない遮断は、根本では単に世界についての先入観にとらわれた究極的に首尾一貫しない理論を遮断することなのである。こうしたことを背景にフッサールはまたこう書いている。世界の遮断について語ることを避ける方がもっとよかっただろう。なぜなら、それは、世界はもはや現象学的研究領野の部分をなしていないという誤解に容易に誘うからである（Husserl 1959: 432）。

こうした連関でフッサールは超越論的還元についても語り、そしてエポケーと還元は同一の機能統一の諸局面をなしているけれども、フッサールはエポケーを時として還元の可能性の条件と呼んでいる（Husserl 1962a: 154/1995: 273）。それゆえ二つの概念は区別されねばならない。エポケーは素朴な形而上学的態度の中止を表す名称であり、したがって哲学への入り口とみなすことができるが（Husserl 1962a: 260/1995: 456）、その一方で還元は主観性と世界の連関の主題化を表す名称である（Husserl 1973a: 61/2001: 50）。その際、時間のかかる困難な分析が問題なのである。したがって、エポケーも還元も、われわれを自然的独断論から解放し、われわれの固有の構成的（認知的・意味付与的）関与をわれわれに意識させる超越論的反省の契機とみなすことができる。エポケーと還元の遂行は、現実的世界の研究の可能性を放棄することを意味しない――エポケーと還元は喪失を意味しない。まったく反対に、基礎的態度変更はわれわれの経験領分の決定的な発見を、したがって拡張を可能にするのである（Husserl 1962a: 154; 1973a: 66/1995: 273; 2001: 60）。フッサールはエポケーの遂行を二次元的世界から三次元的世界への移行と対比してさえいる（Husserl 1962a: 121ff./1995: 213-7）。突如、隠されていた超越論的主観性が現れ、したがって、あらゆる現出と顕現の可能性の条件をなしている審級が現れる。現象学的態度はわれわれに対象の所与性を意識させる。しかしわれわれ自身もまた対象がそれにとって現出するものであることが明るみに出る。したがって、エポケーと還元は、世界とその対象からわれわれを連れ去るのではなく、まさに世界とその対象を新しい、驚くべき仕方で告示することを許す、つまり、意識に対するその現出や顕現において告示することを許すのである。

フッサールは繰り返しこう強調してきた。エポケーと還元を真剣に受け取らないかぎりで、現象学は少しも理解されていない、と（Husserl 1971: 155; 1976: 200/1984: 104）。けれども、現象学の研究文献では、第二世代の現象学者がいまやフッサールの指示に従っていたかどうか、あるいは、エポケーと還元を不必要な、あるいはそれどころか非現象学的措置として退けたかどうかはきわめてさまざまな議論を呼んでいる。なるほどハイデガーもサルトルやメルロ＝ポンティも（この三人の主要な代表者にのみ集中しよう）きわめて頻繁にエポケーと還元を話題にしていることは否定できない。それにもかかわらず、かれらがこの概念をいまや拒否しているか、端的に自明として前提しているかは決着がついているとみなすことができない。こうした論述の枠組みでは、この問いに余すところなく答えようとすることはあまりに遠くにまで至ることになるだろうが、それでもメルロ＝ポンティが『知覚の現象学』のはじめに、ハイデガーの世界内存在の分析はフッサールの現象学的還元を前提していると書いていることを指摘しておきたい（Merleau-Ponty 1945: IX/1967: 13）。たったいま示されたように、主観性の本来的組成とその特別な位置はおよそ、哲学以前の素朴さを、したがって自然的態度を打ち破るときにのみ、発見することができる。ハイデガー自身の著作では、かなり対応する考察に突き当たる。ハイデガーによれば、人間的実存は自己忘却と自己客観化への傾向によって特徴づけられている。われわれは、自己理解を対象理解によって刻印し、形態化するままにしておく傾向がある。世界内部的対象と出来事についての記述と説明のために用いられるのと同じカテゴリーがわれわれ自身の理解のためにも用いられる。けれども、まさにこれが問題なのである。なぜなら、そうすることによってわれわれの主観性は客観化され事物化されるからである。現象学はまさしくこうした水平化する自己忘却への宣戦布告と呼ぶことができ、それゆえとりわけハイデガーは『存在と時間』でこう説明することができる。われわれの各自の存在の暴露が自然的な、哲学以前の理解との開かれた対決によって生じなければならず、その理解を打ち破ることを前提としているかぎりで、現象学的研究はある一定の暴力によって性格づけられている、と（Heidegger 1986: 311/2013: 465）。フッサールはまったく似たように表現することができただろう。ハイデガーが『現象学の根本問題』講義で現象学的還元という概念すら存在者との素朴な交渉からわれわれを存在へと連れ戻す現象学的方法の根本要素を表す名称に用いるとき、それによって〔両者の〕さらなる収束が示唆されているのである（Heidegger 1989: 29/2001: 28）[3]。

第四章　事象そのものへ

現象学は事象そのものへ戻り行こうとする。フッサールの標語は、われわれの方法選択を事象的に根拠づけねばならないということを示すはずである。われわれの研究は批判的・非独断的であるべきだろうし、形而上学的・科学的先入観を避けようとするべきだろう。研究は、事実的に目の前にあるものによって規定されているべきだろうし――われわれの理論的立場から期待することができるものによって規定されているべきではないだろう。方法は、研究の対象を出発点とすべきだろうし、事象的な必然性をもって研究の対象から生じるべきだろう――したがって、単純にある特定の学問の理想に対する尊敬の念から適用されるべきではないだろう。ハイデガーが『形而上学とは何か』という著作で詳述するように、学問的厳密さを数学的精密さと同定すべきではないだろう（Heidegger 1978a: 104/1985: 123）。数学的精密さを学問性の唯一妥当する基準として前提すること、そうした精密さによって記述することができないあらゆる領域をより価値がないと主張したりまったくもって現実的でないと主張したりすることは、まったく受け入れがたいだろう。

対応する思想は、たとえば『形式論理学と超越論的論理学』で、対象的存在だけでなく真理に関して、絶対的規範であるかのように、精密科学の理念と方法によって惑わされることに注意しているフッサールの場合にもある（Husserl 1974: 284/2015: 303）。後期ヴィトゲンシュタインを想起させる思想によって、フッサールは、科学者はなるほど果物屋や八百屋よりもいっそう精密な尺度を自由に使えることに、けれどもまさにこうした精密さにその独自の制限があることに注意を促す。一キロのネーブルを売らなければならないならば、一〇〇分の一グラムで重さを知らせることは正しいやり方ではありえない。何が十分に適切かつ的確であるかは、そのつどの脈絡に依存するのであり、絶対的には規定できない。したがって、あらかじめ与えられた理論に経験を形式化させる代わりに、逆に理論がむしろ経験によって導かれているべきだろう。さまざまな思弁に精魂を傾ける代わりに、事象そのものに語らせねばならない。そうしてフッサールは『厳密な学としての哲学』のなかで述べている。「真の方法は攻究されるべき事象の本性に従うのであり、先入観や範例に従うのではない」（Husserl 1987: 26）。「自分の目で見ることは必要とされない。むしろ見られたものを先入観の強制の下で解釈しないことが必要とされる」（Husserl 1987: 61）。

しかし、この格率は自ずから理解されるのではないのか、取るに足りないこと、まったく異論の余地のない原理ではないのか。けっしてそうではない。たとえば、現象学は統一科学という理想に対するかなり広く行き渡った従順さを共有しておらず、すべての学問が基礎的に自然科学と同じ数量化する方法を適用すべきだろうという考えに異論を唱える。それに対して、現象学はこう説明する。現実は異種的な対象範囲の複合体からなっており（たとえば、自然対象、文化対象、理念的対象をあげることができるだろう）、こうしたあらゆる範囲は独自の還元できない本質様式によって特徴づけられている、と。この範囲の研究はそのつどの独自の様式を顧慮しなければならず、対応する領野に適合する方法論を使用しなければならないのである（Heidegger 1978a: 48/1985: 57）。

現象学は、還元主義や消去主義のさまざまな変種について批判する際にはなおいっそうはっきりしている。科学的還元主義は、多くの方針によって動機づけられていることがわかる。そのなかに「オッカムの剃刀」という名称でよく知られている方針がある。すなわち、多くの類型の対象（あるいは対象領野）を絶対的に必要である以上に想定すべきではないだろう。一方でそのつど独自の（一見すると）還元できない現実範囲を論じる諸々の異なる理論間の選択と、他方で還元的に現実の全局面を解説・説明することができる個別の理論の間の選択とがあるならば、後者を優先すべきである。統一、体系性、単純化という高次の尺度による理論的な充足に基づくだけではなく、還元そのものが説明する力があることから出発するからでもある。ある特定の対象範囲（ある特定の存在論的領域）を他の対象範囲に還元することができるならば、前者は後者によって説明することができる。古典的例であるのは、対象のマクロな特性――たとえば、温度、可溶性、透明性、弾性のような――をミクロな特性によって、したがって、その分子の組成によって説明する試みである。

けれども、そうした考察に対して、現象学は、以下の考量を持ち出す。還元とそれによって獲得された体系的統一と単純性は、現象がもはや十分に考慮されず、単に、何かとして、根本的に～にほかならないと説明しきるというそうした複雑性の喪失を帰結するにすぎないのならば、その代償はまったくもってあまりにも高すぎる。単純かつ体系的に申し分のないモデルと、現象適合的モデルとの間の選択を迫られると、現象学者はいつでも後者のモデルを優先することになる（もっとも、両方を所有していることはたしかに素晴らしいことではあるだろうが）。

　けれどもいっそう重要なことは、たびたび還元主義と結びつけられているいくつかの哲学的想定に対する現象学的批判である。たとえば、一般に行われている主張はこうである。「Xとは何か」という問いを「Xはどのように物理学、化学、神経生理学などに還元できるのか」という問いに定式化しなおさねばならない、と。さらになお、こうした問いに対する答えという前提の下でのみ、したがって、現象が、実際に還元できるときにだけ、実際にも現実存在するかどうかに確実に決着をつけることができるという想定が生じる。ジェリー・フォーダーは、この立場を古典的に定式化している。

> どのように志向性と関連して実在論者であることができるのかを、何らかの尺度で、還元主義者でもあることなしに……正しく洞察することはできない。……もし志向性が現実に存在するならば、実際には、まったく異なるものでなければならない（Fodor 1987, 97）。

したがって、その思想は、たとえば、意識の還元的説明のみが、われわれに意識の本質様式への事実的洞察もまた仲介することができ、そしてまたそうした還元的説明だけが、意識一般が存在するということを説得的に立証することができるということである。

同様に現象学的批判の射界にある類縁的立場であるのは、いわゆる消去主義である。消去主義者は、多くの観点で還元主義者の根本的直観を共有している。すなわち、自然科学が承認する原理と存在者とによって説明することができるものだけが現実的なものとして妥当することができる。だが、還元的唯物論者とは異なり、消去主義者はこうは主張しない。意識は神経生理学に還元することができ、究極的にはまたそれのみを扱う、と。だが、意識は還元不可能であるという容易に思いつく帰結を導き出す代わりに、消去主義者は他の推論――つまり、およそ意識は存在しない――を導き出す。消去主義的唯物論者にとって、体験、推測、願望、感情などの現実存在の想定は、ある種の原始的な心理学を形成する理論的仮説の集積にほかならない。けれども、こうした原始的な心理学的理論は、近代科学の要求や規準に対応せず、科学的心理学の水準にはなく、まさにそれゆえに、これまでにすでにたとえば錬金術や骨相学が退けられたように、拒絶されねばならない。意識の還元不可能性にとっての根拠は、意識がおよそ現実存在しないということにある。つまり、意識は実在的ではなく、単に、一角獣や、恐怖を抱かせる雪男などのような虚構にすぎないのである。

ここでかなり根本的な立場に関わっているということは明らかにされたはずだろう。つまり、一貫して最後まで考えられるならば、還元主義と消去主義は、人文科学と社会科学の説明の大部分が本来の学問的価値なしの疑似説明としてしか妥当しないはずだろうという帰結に至るだけではない。人文科学と社会科学の取り組みが妥当する対象の実在性が疑われねばならないだろう。交響曲、インフレーション、身分証明書、憲法の危機、地方自治体選挙、戦争のようなさまざまな現象が考えられるだけではない。自明なことには、第二次世界大戦は政治的、文化的、社会的、経済的現象として神経生理学や物理学の原理には還元することができないし、それによって説明することもできない。しかし、消去主義は、そこから、第二次世界大戦は政治的、文化的、社会的、経済的現象としては根本的にはけっして存在しなかったという推論を導き出す。こうした推論はばかげた印象を与えるし、事実、ここで還元主義的かつ消去主義的な標語、すなわち「還元せよ、さもなくば消去せよ」が正真正銘の背理法と関わっていないのかという問いが立てられる。

何かが現実的であるかないかは、現象学にとっては、還元主義の型に無理矢理にはめることができるということに依存しない。われわれの共通の経験世界は、真実と妥当性にとっての独自の（プラグマティックな）基準をもち、諸学問によるその適法化を俟つ必要はない。それによってわれわれは生世界という現象学的概念に辿り着いたのである。

第五章　生　世　界

科学と経験の関係について考察する際に、現象学者は一貫して生世界の意義を際立たせてきた。だが、生世界とは何か、そしてその回復とは何を意味するのか。生世界とは、ほとんど驚くことではないが、われわれが生きている世界である。日常でまったく自明に前提している世界、われわれが馴染んでおり、問いを立てはしない先学問的経験世界である。生世界はなぜ回復を要するのか。生世界は科学によって忘却され、排除されたからである。もっとも、生世界は科学の歴史的・体系的な意味の基礎をなしているのだが。最も精密かつ最も抽象的な科学的理論ですら生世界という先学問的明証なしでやっていくことはできない。念のために言えば、なるほど迂回することはできないが、その他の点では些末な、厳密な認識への途上にある通過駅ではなく、すべての認識を究極的に根拠づける意味源泉が問題なのである（Husserl 1962a: 129/1995: 227）。絶対的に精密な認識への探究の際に、科学は、身体的、感性的、実践的経験の根本的な超出を転じて福となし、その際、科学自体がこうした経験一般によってはじめて可能になることを見落としている。もし科学的実験が計画され、完遂されるならば、測定器の目盛が読み取られ、結果が解釈され、比較され、他の科学者たちと議論されるならば、絶え間なく共通の生世界が指示されていることがわかる。科学的理論はその精確さと抽象において具体的-直観的生世界を超越するけれども、この生世界はやはり科学の意味の基礎であり続けており、科学的理論が恒常的に揺り戻る出発点であり続けている（Husserl 1962a: 142/1995: 249）。

けれども、生世界と科学の関係はけっして静態的ではなく、それどころか最高度に力動的である。科学は、生世界に基づけられており、時と共に科学が立つ土壌に浸み込む。次第に、理論的想定が日常の実践に取り入れられ、そうして生世界の部分さえ形成する。シュテファン・シュトラッサーは生世界を豊饒な腐植土になぞらえた。腐植土が豊かな成長のための栄養の基であるように、生世界もまた体系的認識を養うことができる。腐植土のように、生世界は、数多くの根によって貫かれている。そのうちのいくつかだけがまさに表面にあるが、それに対して他はいっそう深くに達している。腐植土のように、生世界は「穴」に満ちている。そして、腐植土の物理的・化学的特性が次第に、腐植土が支えている植物の成長によって変様するように、生世界もまた、その基礎を生世界がなしている科学的理論によって影響を受け、変化する（vgl. Strasser 1963: 71/1978: 85f. 参照）。

けれども、現象学者はけっして一面的に科学を犠牲にして生世界の意義を強調しはしない。科学の科学主義的自己理解に対するフッサールの攻撃を科学そのものに対する攻撃と解釈することは、まったく一義的に短絡とみなされねばならない。現象学は、科学敵対的ではなく、フッサールの綱領的著作のうちの一つが『厳密な学としての哲学』という表題をつけられていることは、単なる偶然以上のことである。[4]現象学はけっして科学の価値を否定せず、同じく、科学的研究がわれわれに新しい洞察を得させてくれることができ、われわれの現実の理解を拡張することができることに異論を唱えはしない——現象学は単に科学主義や客観主義に向かう（自然）科学の傾向を批判しているにすぎない。

1. 科学主義では、（自然）科学が、そしてただ（自然）科学だけが、何が現実として妥当するのかを限定する。したがって、現実は、（自然）科学によって把握することができ、記述することができるものと同一である。フッサールがこうした傾向のある種の体現者とみなすガリレオ・ガリレイを引用しておこう。

哲学は、われわれの目線にたえず開かれているこうした偉大な本、宇宙に書かれている。しかし、その本は、もしそれ以前に、その本が書かれている言語を習得し、文字に馴染んでいないならば、理解することができない。それは数学という言語で書かれており、その文字は円、三角、そのほかの幾何学図形である。こうした手段なしには、人間には、そのなかのただ一つの語さえ理解することが不可能だっただろう。つまり、それなしでは、出口のない暗い迷宮を彷徨するのである（Galileo Galilei 1953: 121）。

歴史的に見れば、そうした考察は、次のような主張に至った。たとえば、対象の形、大きさ、重さ、したがって、量的に、数学的精密さでもって記述することができる徴表のみが客観的性質なのであるが、それに対して、色、味、香りは、客観的な、意識から独立の現実存在が帰せられないただ主観的な併発現象を呈示しているにすぎない。第一次感覚性質と第二次感覚性質の間のこうした古典的区別は、時代が進むなかで首尾一貫して徹底化されてきた。すぐに、現出する対象の特定の性質の客観性が疑われただけではなく、端的におよそ現出するものすべてが疑われたのである。現出そのものは主観的なものとみなされたし、まさにこうした現出を、こうした現象的性格を、科学は、事物の真の存在様式を認識するために、超え出なければならず、その背後に至らねばならなかった。

たとえば、水の分析の際には、水が、水の色、味、香り――これは、まったく一般的に水の感性的現出像に妥当する――が非本質的であるように、われわれが飲み、そのなかで泳ぎ、入浴するということはまったくどうでもよい。なぜなら、つまりそれは、水が記号として単に指示するにすぎない、根底にある本来的現実の純粋に主観的な顕現にほかならないからである。究極的には、対象の化学的構造、すなわち、水＝H_2Oの確認が中心問題なのである。こうした観点から明らかになるのは、われわれが生きている世界は、精密科学の世界とはまったく異なる世界であるということである。つまり、後者だけを真と呼ぶことができるのであり、それに対して、われわれの生世界は、単なる構築物にすぎず、物理的現実から受け取った刺激に対して反応する仕方の結果にすぎない。けれども、物理学がただひとりかつ絶対的に、なにが絶対的に現実として妥当できるかを決裁し、すべてのまじめに受け取るべき概念は精密科学の概念装置に還元可能でなければならないというテーゼを現象学はまったく決定的に拒否する。現象学にとって、精密科学は他の世界を記述しているのではない。むしろ精密科学は、われわれがもともと知っている世界を新しい方法で記述するのであり、それによって、われわれに世界についてのいっそう正確な知を習得させることができる。したがって、数学化された現実は真の現実ではなく、まったく反対に、後からの、ひどく前提に満ちた理想化の結果なのである。

2. 客観主義にとって、現実は、絶対的意味で、主観性から、あらゆる解釈から、われわれがそのつど形成する歴史的共同体から独立に存立している。科学はそれ自身しばしば、現実を客観的に、すなわち、三人称パースペクティヴから記述する試みであることがわかる。そうした願望はまったく適法的であるが、しかし、あらゆる客観性、あらゆる説明、あらゆる概念形成と理論形成は一人称パースペクティヴをその恒常的根拠として前提していることを忘れるべきではないだろう。その意味で、あらゆる概念的かつ経験に基づくパースペクティヴから自由に、科学が現実の絶対的記述を提供しなければならないという信念は、単なる幻想にすぎない。科学は、生世界に根があり、先学問的領分の洞察を要求し——忘れてはいけないが——身体的主観によって行われている。現象学者にとって、科学は、単純に体系的に結びつけられ、十分に根拠づけられた命題の蓄積ではない。科学はある特定の人間によって営まれ、ある特定の世界理解、世界に対するある特定の理論的態度を意味する——そしてこの特定の態度は単純に空から落ちてくるのではなく、その特定の前提と特定の由来をもつ。すなわち、科学は、伝統なのであり、ある特定の文化的形成体なのである。

現象学の功績は、人間を学問的に記述する試みにあるのではなく、むしろ学問性それ自体を、科学的合理性や認識する主観の志向性の形式の詳細な分析によって理解できるようにすることにある。したがって、本質的課題は、科学を営むときに、われわれがとる理論的態度は、われわれの世界内存在からどのように生起するのか、どのように理論的態度は世界内存在に影響し、世界内存在を変更するのかという問いの究明なのである。

第六章　メルロ＝ポンティの『知覚の現象学』序論

すでに言及したように、現象学は同質的形象や一枚岩的形象を呈示しない。けれども、メルロ＝ポンティは、主著『知覚の現象学』への有名な序論で「現象学とは何か」という問いに対する簡明な答えを与えようとしている。

メルロ＝ポンティは簡にして要を得た確認で始める。フッサールの最初期の著作以後半世紀でもなお、現象学とはそもそも何かという問いに対する一義的答えが存在しない、と。むしろ従来のすべての規定は、まったく多種多様な方向を示しているように見える。

1．一方で、現象学はある一定の本質主義によって特徴づけられている。現象学の関心はさまざまな現象の単に経験的な研究ではなく、恒常的なものと本質的なもの、たとえば意識流、身体性、知覚などを顕わにすることに向けられる。他方で、われわれの事実的実存は人間と世界の理解にとっての出発点であり続けている。それゆえ、現象学は単に本質主義であるだけではなく、事実性の哲学でもある。

2. 現象学は超越論哲学である。現象学は、経験の可能性の条件を反省したいし、われわれの自然的な、哲学以前の態度の想定（そのなかでもまた意識独立的現実の現実存在の想定）を妥当させず、こうした仕方でその想定を批判的に研究する。けれども、現象学は、反省がつねに先行する世界関係〔世界と主観の関わり合い〕（Weltverhältnis）をその出発点とすることと、哲学の主要課題が根本的にほかならぬこうした無媒介的・直接的世界接触のもつまったき意義の分節化にあることとを容認する。

3. 現象学は哲学を厳密な学として現実化したいが、同じように、われわれの生世界を記述すること、体験され、生きられた現象として空間、時間、世界を正当に評価することを課題にする。

4. 現象学は、よく純粋に記述的な学科として呈示される。現象学は、経験がわれわれにとにかく与えられているとおりに、われわれの経験を記述する。現象学は、経験の心理学的根源や生物学的根源を気にかけるのでもなく、経験を因果的に説明しようとするのでもない。しかしながら、フッサール自身もまた発生的現象学の展開の意義を、すなわち、志向的経験構造の根源や歴史も分析することができる単に静態的現象学だけではない現象学を形成することの意義を強調してきた。

メルロ＝ポンティの場合にはこう言われている。一方で、よく認識の可能性の純粋かつ不変的条件の主題化の試みとみなされたフッサールの（超越論的）現象学と、他方で、反復的に認識の歴史的・

実践的脈絡依存性の発見の試みと解釈されてきたハイデガーの（解釈学的・実存的）現象学を端的に区別することによって、こうした対立と思い込まれてきたものを克服しようという誘惑にかられるかもしれない、と。けれどもこうした解決の試みはメルロ＝ポンティによってあまりに素朴にすぎるとして退けられる。というのは、第一に「対立」はフッサール自身の思考に内在しているからであり、第二に実質的な対立や二者択一が問題なのではなく、むしろすべてを顧慮し、ともに含め入れるべきである補完的局面が問題であるからである（Merleau-Ponty 1945: I-II/1967: 2f.）(5)。

フッサールの標語——事象そのものへ——は、現象学者として空虚な思弁や理論的構築に我を忘れてはならないという要求を含んでいる。こうしたスローガンは、メルロ＝ポンティによれば、科学批判の姿勢の表現と理解することができ、科学的合理性において表現されるよりもいっそう根源的な世界関係を顕わにしたり理解したりすることができる。あらゆる言語的分節化と科学的概念固定に先立ち、その前提をなしている世界経験に遡り行くという要求が問題なのである。科学は、われわれを、生物学、心理学、社会学のような客観化する理論形成によって余すところなく説明することができる対象へと還元する。けれども、メルロ＝ポンティは、われわれに、世界についてのわれわれの知、なかでもわれわれの科学的知は、一人称パースペクティヴから生じているということと、科学はこの前提なしには無意味だっただろうということを忘れないように促す。科学的討議は、体験される世界を受け継ぎ、そしてもし科学の成果と境界に対する理解を手に入れたいならば、科学がその第二の秩序の分節化を呈示する原初的経験世界を不可避的に研究しなければならない。したがって、三人称パースペクティヴから接近できるものに科学が一面的に集中することは、メルロ=ポンティにとって素朴であるだけではなく、不正でさえある。なぜなら、科学的実践はたえず一人称パースペクティヴからの先学問的世界経験を前提するからである（Merleau-Ponty 1945: II-III/1967: 4）。

現象学が一人称パースペクティヴの意義にこだわることを、意識を世界から離し、世界の豊穣さと充実を、純粋な没世界的主観の構成的能作によって制約させる観念論的（かつ古典的超越論的）試みと混同することは許されない。こうしたもくろみもまた素朴である。主観は世界に対する優位をもたないし、真理を人間の内面に求めることも許されない。まったく反対である。すなわち、人間は、世界のなかにあり、自己自身をもまたこの世界にとどまることに基づいてのみ知るのである。現象学的還元によって顕わにされる主観性は、隠された内面性ではなく、開かれた世界関係である。ハイデガーの言葉では、世界内存在が——したがって、手前にある〔事物的〕対象の単なる全体性としてあるいは因果的関係の総計としてではなく、われわれがもともとすでに関係している意味地平として統握することができる世界が問題なのである（Merleau-Ponty 1945: III-V/1967: 5-8）。

観念論を正しいと認めたならば、世界は、単にわれわれの構成と構築の産物にすぎなかっただろうし、まったき透明性で現出するだろう。世界は、われわれが世界に与えるだろう意味をもつにすぎず、それゆえまた隠された側面、どんな不可思議さも示さないだろう。換言すれば、観念論と構築主義は、世界からその不透明さや超越を奪うのである。観念論と構築主義にとって世界や自己や他者の認識はもはや問題ではない。それでも事態はそれほど単純ではない。現象学的分析は、他者がそれ自体で現実存在するだけではなく、わたし自身に対しても現実存在するように、わたしはわたし自身に対してのみならず他者に対してもまた現実存在するということを顕わにする。したがって、個別的主観は自己自身の理解に対してもまた世界の理解に対しても特許をもたない。むしろ主観性だけでなく、世界にもまた、他者によってのみ接近できる諸局面が存在する。したがって、わたしの現実存在はわたしの自己統握の問題であるだけではない。つまり、どのように他者がわたしを統握するのかという問いが重要であり、それゆえまた自然と歴史のなかへのわたしの受肉を共に含んでいるのである。主観性は不可避的に有体的に社会的脈絡に係留されたものとして把握されねばならない。世界は主観性とも相互主観性とも分離することができず、そして現象学の課題はまさに、世界、主観、相互主観性を包括的に連関させて考えることにある（Merleau-Ponty 1945: VI-VIII, XV/1967: 8-13, 22ff.）。

世界に対するわれわれの関係は、基礎的かつ自明であるので、こうした関係はおおむね注意されない。しかし、まさにこうした注意を払われない馴染んだ範域の研究を現象学は目標としてきた。したがって、現象学の課題は、一定の世界内部的事実についての新しい経験的知見を獲得することにではなく、むしろあらゆる経験的攻究の根底にある基盤的世界関係を理解することにある。現象学が再三にわたってある一定の反省的抑制（それを表すためにフッサールはエポケーと還元という専門用語を鋳造した）の方法論的必要性を強調してきた場合、およそその根拠は、世界を純粋意識の研究のためになおざりにしようという願望にあるのではなく、むしろわれわれを世界と結びつける志向的糸は、それが少しだけ緩められるときにだけ見えるようにすることができるということにある。メルロ＝ポンティが書いているように、世界は奇異で、逆説的なのである。けれども、世界が秘密と贈与であるということを認識するためには、われわれの通常の盲目的かつ軽率な世界の受け入れを中止することが必要である。普通、わたしは自然的・配慮的世界関係に生きている。けれども、哲学者としては、こうした素朴な世界内存在に満足することはできず、世界内存在を記述するために、少しだけそこから距離を取るように強いられているのである。メルロ=ポンティによれば、この意味で現象学的還元は、われわれの世界内存在の分析の前提なのである。

現象学的研究は不可避的に事実から本質へ進展するが、その本質への関心は自己目的ではない。むしろ本質様式の把握は、われわれの事実的実存の理解、概念的確定、言語的分節化のための手段なのである。本質への集中は、事実的に与えられるものの豊かさを捕らえたいという願望から生じるのであって、事実性を捨象したいという願望から生じるのではない。したがって、言語が現実的世界への通路をふさぐという誤解さえ考えられることがあった。言語は世界との先言語的、知覚的接触にかかっているのであり、それゆえ非言語的現実との関連をも保持している（Merlaeu-Ponty 1945: IX-X/1967: 14ff.）。

志向性の分析、意識が方向づけられていることとの分析は、よく現象学の決定的功績として呈示される。ひとは愛し、恐れ、見、判定するだけではなく、愛する男や愛する女を愛し、恐ろしいものを恐れ、対象を見、事態を判定する。わたしの知覚、思考、判断、表象力、疑い、予期、想起が問題であろうとまったくどうでもよく、こうした意識の形式は、対象を志向することによって性格づけられており、対象的相関者、すなわち、知覚されるもの、疑われるもの、判定されるものなどを顧慮することなしには、諸々の意識形式について有意味に語ることができない。したがって、諸々の客観に超え出て行くことは、けっして問題ではありえない。なぜなら、主観そのものは自己超越的に自己自身とは他の何かに向けられているからである。だが、われわれの理論的対象意識の事細かな分析を超えてさえ、現象学は、世界があらゆる分析、同一化、客観化より以前に与えられていること――換言すれば、非理論的世界関係があることをわれわれに明晰に証示した。それは、フッサールがかつて二つの形式の志向性を区別した根拠でもある。つまり、一方でフッサールが作用志向性と呼ぶ――対象に向かっていることという客観化的形式が存在する。しかし他方で、フッサールが機能する志向性と呼ぶもの――したがってまさに世界内存在の非客観化的、先言語的あり方もまた存在する。メルロ＝ポンティによれば、こうした原初的世界関係は、それ以上分析や説明することができない。言うなれば、それは謎めいている。哲学的研究とは、われわれの注意をこうした周囲状況に向けることやその還元できない性格を確信させることにほかならない（Merleau-Ponty 1945: XIII, XV/1969: 19f. 22ff.）。

現象学は、批判的反省、倦むことなき（自己）問題化である。現象学はなにものも単純に受け入れることはできないし、自己自身でさえ単純に受け入れることはできない。言うなれば、現象学は終わりなき省察なのである。現象学は、どこへ向かう途上なのかをけっして知らない。しかし、メルロ＝ポンティが終わりに際立たせているように、現象学の未完結性は、取り除くことができたり取り除くべきだったりする欠点ではなく、むしろ本質規定である。世界に直面しての驚きとして、現象学は硬直した体系ではなく、やむことのない運動なのである（Merleau-Ponty 1945: XVI/1967: 20f.）。

第二部　具体的分析

第七章　空間と身体

より一般的・方法論的な種類の一連の中心的現象学的概念と根本思想を論述した後で、いまやいくつかの具体的現象分析をいっそう詳しく見ていくときである。『存在と時間』でのハイデガーの空間分析に取りかかることにしよう。

第一節　発端

『存在と時間』の一番最初の頁にハイデガーは、存在の問いを新たに立てることが重要であると書き、その際、存在、時間、存在の意味、存在理解の関係をいっそう詳しく研究することが重要であると予示している。したがって、ハイデガーは存在者の存在への問いを現象学一般の根本の問いとみなしており、存在を現象学の本来的主題と呼んでいる（Heidegger 1989: 15/2001: 16）。しかし、プラトンとアリストテレス以来、哲学的伝統は存在忘却によって特徴づけられている。したがって、存在の問いは必要な主題的研究を受けておらず、陳腐で、まさに余計な問いとして取るに足りないものとされてきた。そうしてたとえばこう主張された。われわれはつねにすでに、理念的存在であれ、実在的存在であれ、虚構的存在等々であれ、存在を熟知している、と――というのは、われわれは、実際たやすく「空が青い〔der Himmel *ist* blau　空は青くある〕」「わたしはうれしい〔ich *bin* froh　わたしはうれしくある〕」のような言明の意義を理解しているし、まさにそれゆえに、存在に奥の深い哲学的研究を受けさせる必要はないと推論するからである。ハイデガーはある点ではそれは承知しているとすら表明するだろう。まったく同様に、研究するのであれ、語るのであれ、行為するのであれ、われわれがすることは、もともとすでに存在理解のうちで動く。換言すれば、われわれは、重い、延長した、黄色い対象に関わり合うのでなく、その存在においてこうした対象と関わり合うのである。けれども、存在熟知（Seinsvertrautheit）、先理論的存在理解のようなものがあることは、われわれがそれだけでもう存在についての概念的に分節化された知を意のままにできることを意味しない。ヘーゲルによれば、熟知されたもの（das *Bekannte*）と認識されたもの（das *Erkannte*）の間には区別がある――なるほどわれわれは存在理解に生きているが、まさにこうした周囲状況こそが解明を必要とする。まさに哲学は、ハイデガーが再三強調するように、なにものも自明として前提することを許さない。まったく反対に、哲学は、まさにさらなる注意が向けられず単純に与えられたものとして受け取られるほど基礎的であるものにこそいっそう詳細な研究を受けさせねばならない（Heidegger 1986: 4/2013: 5f.）。

ハイデガーは、存在がつねに存在者の存在であり、それゆえ存在者から独立に研究することはできないと確認することによって決定的歩みを進める。さまざまな存在者を、たとえば、包丁や金槌のような使用対象（道具）、石や植物のような自然対象、2という数のような理念的対象、そして最後に人間を区別することができる。ハイデガーによれば、すべてのこうしたさまざまな存在者の根本類型は、それぞれのあり方にある。さてしかし、問題は、存在理解を手に入れることが問題であるとき、こうした存在の仕方の一つが優位を要求できるかどうかである。そこを始まりとることができるはずのある特定の存在者は存在するのか、あるいは、出発点はむしろ恣意的なのか。いまや、ハイデガーはこう説明する。存在の問いの仕上げは、この問いをおよそ立てることができ、したがって、研究の手引きとして役立つはずの先理解を意のままにできる存在者への洞察を必要とする、と。この存在者とはわれわれ自身であり、したがって、存在の問いの端緒は、われわれ固有の問いを立てる存在（の仕方）の研究を出発点とする。人間的な存在の仕方のもつ特別なものは、まさに、先理論的な存在理解を意のままにできるということにある。この特別な仕方で現にあることをハイデガーは実存と名づけるが、その一方で、現存在という名称をわれわれのそれぞれがそれ自身である存在者に留保している。したがって『存在と時間』の主要部は、現存在分析、すなわち、現存在の根本構造――ハイデガーが名づけるように、実存範疇――を描き出し、記述する分析という形態をとる。現存在分析は実存論的存在論的なやり方をとる。したがって、現存在――あるいはいまや他の語を選ぶならば、主観性――は、その実存構造に関連して分析されるべきである（したがって、現存在の生物学や生理学を顧慮してではない）[6]。

ハイデガーの実存範疇の究明は、範疇の、すなわち、事物を特徴づけるアプリオリな規定の伝統的な論述に対応している。ハイデガーの決定的な思想は、この伝統には、ある特定の様式の存在に対するまなざし、つまり、伝統が範疇的に理解した対象的存在——純粋に考察する、理論的な態度をとるときにわれわれが出会う存在であり、ハイデガーがたいてい手前存在（Vorhandensein）と呼ぶ対象的存在——に対するまなざししかないという疑念にある。したがって、伝統は、およそ存在の問いを立てるかぎりで、現存在ではなくつねに手前存在者をその出発点に選んできた。それにはとりわけ、通例現存在もまた範疇を手がかりに規定しようとしてきたといういくらか不幸な帰結がある。それゆえ、ハイデガーはこう書くことができる。存在の問いの不履行は、現存在の存在仕方の欠陥のある主題化と並行して現れた、と。すなわち、現存在は首尾一貫して手前にある〔事物的〕対象として解釈されてきた。そして、手前にある対象が純粋に質料的な本質様式のものと思おうが、精神的な本質様式のものと思おうがまったく同じであり、いずれにせよ現存在の独特の存在仕方をとらえそこない、それゆえハイデガーは、デカルトを、われ思う、ゆえにわれあり（cogito ergo sum）という有名な定式においてまったくわれあり（sum）を顧慮しなかったと批判することができるのである。

さてしかし、なぜ、こうした現存在の実体哲学的解釈はハイデガーにとってそれほど問題があるのか。主に、現存在がこうした解釈によってまさに実体として、すなわち、自立的なものや独立したもの——普通の理解によれば、とりわけ世界に対する関係において影響が出る独立性——と理解されるからである。したがって、それによって、われわれは哲学的伝統の自立的で、孤立した、没世界的主観に終わる。

『存在と時間』がこうした構想の超克の試みであるということは、とりわけ、第一編全体がいわゆる現存在の世界内存在の分析を巡っていることに現れている。現存在の世界性が、現存在があるときは所有することができ、またあるときはなしですますことができる特性ではないと強調することによって、ハイデガーはフッサールの志向性概念を拡張する。現存在は、さしあたり純粋にそれ自体で実存し、それから世界に関係するのではない。むしろハイデガーが包括的意義連関として理解する世界は、現存在そのものの構成的要素、すなわち、現存在の構造契機とみなされねばならない。ハイデガーが現存在を、その存在において自己自身の存在が問題となっている存在者として規定することは――いま一度強調しておかねばならないが――現存在が自己に閉じ籠っていることを意味しない。現存在は、その存在が開放性によって特徴づけられている存在者である――そしてこの開放性は自己という限界を超越する。つまり、現存在は、自己自身の存在を熟知しているだけではなく、さらには他の存在者の存在と存在一般とを熟知していることによって性格づけられているのである。

ところで、厳密にはこの存在とは何か。『ヒューマニズムについての書簡』で、ハイデガーは以下の答えを与えている。「だが、存在――存在とは何か。それはそれ自身『である』」（Heidegger 1978a: 331/1985: 419）。いくらかいっそう大胆であるが、ひょっとするといっそう示唆に富んだ解釈は、存在の問いを、存在者に存在者であるものとして自己を示すことを可能にするものへの問いとして理解する。したがって、存在者の存在を問うことは、存在者の顕現のための可能性の条件を問うことである。(7)

したがって、ハイデガーが存在についての学を超越論的学と呼ぶこと（Heidegger 1989: 23/ 2001: 23）もまた偶然ではないし存在の研究は現存在の存在理解の研究として完遂することができる、というのは、存在者に存在すること、すなわち、存在者であるものとして現出すること、それ自身として顕現することを可能にするものがまさにこの存在理解であるからである、と――フッサールもまた――言うだろうということも偶然ではない。

人間的世界内存在の解釈と分析を進めていくなかで、ハイデガーは、多くの従来の哲学的想定とかなり徹底的な仕方で対決している。さしあたりそしてたいてい世界のなかでわれわれの周りに与えられる存在者は、実体的、質料的、延長的などの性格をもつ対象であることが概して完全に自明なものとして前提されてきた、とハイデガーは詳述する。けれども、それは――ハイデガーによれば――根本的な誤りである。われわれが日常的な世界内存在においてさしあたりそしてたいてい出会う存在者は、手前にある（vorhanden）事物ではなく、手許にある（zuhanden）「道具」である。世界内部的存在者とのわれわれの原初的関係は、手前にあるものの理論的考察や攻究よりもむしろ手許にあるもの（仕事道具、裁縫道具、乗り物のような使用対象）を扱う配慮的交渉である――そして、ハイデガーにとっては、存在者とのわれわれの配慮的交渉は、およそ存在者が認識の対象となりうるための前提であるからである。金槌を用いている間に、たとえば、金槌が壊れたとき、使用が阻害されるという状況が生じる。そうしてはじめてわれわれはおよそ金槌に気づくのであり、はじめてそのとき、金槌を考察し、諸々の周囲状況の下で、大きさ、重さ、色のようなある特定の特性を所有するものとして研究する。

したがって、ハイデガーにとって世界内部的存在者は、理論的に考察することによってではなく、むしろ実践的に使用することによって原初的にあるがままのものとして示されるのである。したがって、論究され、攻究され、研究されなければされないほど、ますます世界内部的存在者は、あるがままの（仕事）道具として十分に配慮される。したがって、いっそう一般的に表現すれば（対象の理論的攻究としてパラダイム的に理解された）認識は、現存在と世界内部的存在者の間の関係を創設しないと言うことができるし、むしろ現存在は認識によって、もともとすでに開示された世界のなかにある存在者との新しい関係を獲得する。ハイデガーが定式化するように、認識は現存在の世界内存在の基づけられた様態であり、現存在がもともとすでに世界のなかにあるがゆえにのみ可能なのである。それゆえ、ハイデガーは、理論的態度を偏愛することと、その際に現存在の世界内存在が完全に見えなくなってしまうために、現存在と世界の関係を、二つの対象の間の関係として、主観と客観の間の関係として解釈することに基づく認識論もまた批判する。

第二節　ハイデガーの空間分析

こうした導入的考察の次に、ハイデガーの空間の研究を含む『存在と時間』の第二二-二四節に向かうことにしよう。第二二節でハイデガーは世界内部的存在者の空間性への問いを始める。ハイデガーがさしあたり手許にあるものの空間性に専念することは、すでにもはや過度に驚くべきことではないだろう。ハイデガーの現象学的分析の出発点であったのは、実際たえず、われわれがさしあたりそしてたいてい出会う存在者である。いまや、ハイデガーは「さしあたり」という表現が時間的内包だけではなく、空間的内包ももつことを指示する。すなわち、さしあたり出会うものはわれわれの近くにある。

ハイデガーが手前にあるものの存在の優位を承認しないということをよく考えるならば、こうした脈絡で近さを幾何学的に把握することは許されないことがわかるだろう。ハイデガーにとって、使用対象は、実際まさに理論的考察によってではなく、実践的使用によってあるがままのものとして現れる。したがって、対象の空間性は、主に配慮的に交渉する際に現れるのであり、観察的空間測定の際に現れるのではない。近さは、物理的距離の問題ではなく、使用の問題なのである。手許にあるものは「手許に」すなわち、到達可能・利用可能であるときに近くにある。一般的に使用対象の特別な空間性は、使用対象が属し、その機能を満たす脈絡や道具全体のなかで使用対象が場所を占めるという問題である。まさにこうした特定の脈絡のなかでのみ使用対象は意味と利用可能性をもち、ここでのみ使用対象は重要であり、何かの役に立つことができる。したがって、個別的使用対象はけっしてそれだけであるのではなく、他の使用対象への指示の網に紡ぎ入れられている。或るものがどこにあるのかという問いがあるならば、まさにこうした場所を占めることと帰属することとが問われているのである。上、下、背後、隣などの空間的次元に、すべて具体的・実践的な関連がある。したがって、原初的空間は、使用連関からなっているのであり、中心なき三次元的座標系からなっているのではない。ハイデガーによれば、まさにこうした意義連関と指示連関とが空間にその統一を付与するのである。

どのようにしてわれわれの空間の経験をいっそう詳細に特徴づけることができるのか。すでに言ったように、ハイデガーは道具との馴染んだ交渉と事物についての入念な攻究との間にある区別を強調する。こうした区別をすることは、したがって、われわれにさしあたりそしてたいてい空間的使用対象との非主題的な馴染みにおいて与えられている空間に対しても妥当する。空間は使用対象そのもののもつ特徴である――そして、事物によって満たされることがある空虚な入れ物ではない。こうした配慮的交渉が阻害されるときにはじめて、われわれはおよそ単なる空間に気づく。つまり、あると期待したところに自転車の電灯がもはやないときにはじめて、入れ物としての引き出しに気づくのである。

ハイデガーは第二二節を次の発言で締めくくっている。「その周囲世界的空間のなかにある手許にあるものに出会わせることは……、現存在自体がその世界内存在に関して『空間的』であるがゆえにのみ可能［である］」（Heidegger 1986: 104/2013: 154）。こうした言明をどのように理解することができるのか。ハイデガーによれば、手許にあるものの空間性は、内世界的な意義連関へのその埋め込みの結果である。けれども、すでに予示したように、世界性は現存在の世界内存在の分析を通してのみ理解できるし、そして、それゆえ手許にあるものの空間性の分析は不可避的に現存在の空間性の分析もまた共に含め入れなければならない。

　すでに第一二節で、ハイデガーは、現存在の実存範疇的内存在と事物の範疇的内存在の間を截然と区別することの必要性を強調していた。現存在は、コップのなかの水やタンスのなかのシャツのように、すなわち、他の延長した存在者によって取り囲まれる延長した存在者として世界のなかにあるのではない。けれども、現存在はこの種の空間的組成をもたないけれども、現存在にあらゆる空間性を認めることができないわけではない（Heidegger 1986: 54ff./2013: 76-80）。

　こうした思考の進み行きは、現存在の空間性がその特別な存在様式を背景にして解釈しなければならないということをハイデガーがさらに詳述する第二三節で、取り上げられる。現存在の空間性は、使用連関のなかに手許にあるものが場所を占めることを拠り所にして理解することもできないし、世界空間のなかにある手前にあるものの位置に応じて理解することもできない。現存在の空間性は、およそ世界内部的ではなく、むしろ、現存在の世界内存在に属する空間性である。しかし、どのようにしてこうした空間性は明らかになるのか。ハイデガーはとりわけ二つの局面を際立たせる。すなわち、

〔方向の〕切り開き（Ausrichtung）と脱-距（Ent-fernung）である。最初の概念を考慮してハイデガーは書いている。現存在の世界内存在は、つねにある方向（パースペクティヴ、関心）をもつ、と。われわれの使用する交渉は、けっして方位を失うことはない――あるいはむしろ、現存在そのものが方位づけられているがゆえにのみ、一時的な方位喪失が可能であるにすぎない。それゆえにのみ世界内部的存在者自体もまたある特定のパースペクティヴと方位づけにおいて現出することができる――ある特定の方向から接近可能であるもの、上や下、左や右、ここやそこにあるものとして。脱-距を考慮してハイデガーは、よくあることだが、概念の他動詞的意味をもてあそぶ。すなわち、ハイデガーが、現存在の世界内存在は脱-距という性格を示すと書くならば、それは、現存在が距りを取り除くように実践的な行いによって生じ、それゆえ、ハイデガーは、フッサールの場合にも見出すことがで（entfernen）、すなわち、近くで存在者に出会わせるということを意味する。それは理論的研究と同じきるように、ある定式化によってこう言うことができる。「現存在には、近さへの本質的な傾向がある」（Heidegger 1986: 105/2013: 156）。けれども再びまた強調されねばならないのは、あるものが近くにあるか遠くにあるかは幾何学的には測定できないということである。それはむしろ、われわれのもともと特別な行為と関係し、まさにそれに対して関連がある仕方で決定される。距離は、絶対的概念によって規定することはできず、脈絡や実践的顧慮や関心との関連でのみ理解できるにすぎない。距離的に無媒介的な近さにあるものは、周囲世界的には遠く隔てられていることがありうる。したがって、使用する交渉が、何かが近くにあるか遠くにあるかを前もって定める。何かを近づけること、近くへもってくることは、当該の使用対象の自分の身体に対する距離を減らすことを無条件に意味するのではなく、むしろ使用できるものを遊動空間に関与させることを意味する。いくつかの具体的な例がそのことを直観的にわかるようにするだろう。

1. センチメーターで測れば、わたしが立っている地面と鼻の上にある眼鏡とは、わたしが鑑賞している絵よりも遙かに近くにある――けれども、現象学的記述は、わたしは絵にいっそう近いと主張する。対応することは、わたしが話している人と、わたしが話している電話の間の関係にも妥当する。

2. キロメーターで測れば、コペンハーゲンとニューデリーのあいだの距離は、一〇〇年前と同じである。けれども、実用的なパースペクティヴでは距離は劇的に減少した――いずれにせよ、奮発して航空機のチケットを買うことができる人にとってだが。

3. 一つの目標への二つの道を選ぶことができるならば、幾何学的にいっそう短い道が必ずしも最も容易かつ最も早い道、すなわち、最終的にその目標がどれほど近いか遠いかにとって実践的観点で決め手である道であるわけではない。わたしが自分自身の住居から閉め出され、いま自分の家のドアの前に立っていると想定してみよう。玄関ホールはわたしのいまの立ち位置からごくわずかなセンチしか隔たっていないだろう。けれども、それは到達不能であり、したがって遠くにある。そうしてわたしが住居に、閉まっていない裏口を通って入ろうと決心するならば、わたしは、家のドアに背を向けるのと同じ瞬間なるほど幾何学的な意味では玄関ホールから遠ざかるが、しかし実践的観点では近づくことになる（vgl. Heidegger 1986: 106/2013: 157参照）。

4．自転車で十分に到達できる二〇キロメーター離れた街は、ごくわずかなキロメーターしか隔たっていないよじ登ることのできない山頂よりも明白に近くにあるかもしれない。「『客観的に』長い道は、ひょっとすると『困難な行程』であるかもしれず、ある人にとっては無限に長く思われる『客観的に』非常に短い道よりもいっそう短い道であることがある」（Heidegger 1986: 106/2013: 157）。換言すれば、幾何学的尺度はなおそのように精確であるかもしれないが、だからといって、本来の空間性を規定することが問題であるときに、なお重要でも利用可能でもあるとはかぎらない。

第二四節はハイデガーの考察を要約している。現存在の空間性は「空間を与える」あるいはまた「包み容れる」という性格をもっている（Heidegger 1986: 111/2013: 164）。現存在の世界内存在が実存論的空間性という性格を担っているがゆえにのみ、周囲世界的に手許にあるものは空間的に現出することがある。すなわち、手許にあるものは現存在の存在理解によってその空間性において解放され、開示される。

したがって、ハイデガーの分析は二通りに空間を開示した。一方で、幾何学が記述する精確な三次元的空間があり、他方で、現存在の手許にあるものを使用する交渉が展開する空間がある。そして、両者相互の関係とは〔どのようなものだろうか〕。直接的には、幾何学的測定はわれわれに、空間自体が根本的にはどのような性質であるかの中立的・客観的記述を与えたという意見がありえたかもしれない。それに対して、たとえば到達可能性のような基準に従って距離を判定するという捉え方は、単に主観主義的であり、せいぜい人間中心主義的にすぎないとみなすことができる。「つらさ」のような要因がいかにしてわれわれに空間自体について何かを教えることができるのか。

こうした反論に対するハイデガーの拒否は、手許にあるものと手前にあるものの関係の究明につながっている。空間は、われわれにとっては実践的脈絡で接近可能であるがゆえにのみ、認識の対象にもすることができる。しかし、手許にあるものを使用する交渉では、たとえば、土地を測量したり家を設計して作ることが問題であるときに、いっそう精確な測定の必要が生じることがある。こうした脈絡で、空間ははっきりと主題へと高められる。そのとき完全に実践的関心を捨象するならば、空間を純粋な考察や理論化の対象とすることができる。けれども、期待通りにハイデガーはいま一度こう強調する。幾何学的関係への一面的集中は、根源的空間の中立化や「脱世界化」に至るだろう、と。つまり、使用連関の空間性は純粋な次元性へと変貌することになるだろう。けれども、その際、手許にあるものは、その最も固有の指示性格を失うだろうし、空間は有意味な使用連関から延長した事物の単なる集積に還元されるだろう。

したがって、物理的空間は行為に定位した空間よりもいっそう基礎的であると主張することは、けっして直接的あるいは特別に冷静な考察の判断ではなく、まったくもって特定の形而上学的先入観の表現にすぎない。物理的空間は、確かに純粋に自然科学的なパースペクティヴに基づく基礎的な空間である――しかし、それ以上でもない。自然科学が操る基づけ連関はまさに自然科学的基づけ連関であり、現象学的基づけ連関ではない。

ハイデガーが現存在の空間性と、そしてとりわけ使用し、扱う現存在の交渉によって世界内部的存在者に結びつけられている空間性について語るならば、ハイデガーがなるほどたえずなしてはいるが、けれどもことさらに主題化することのない前提、つまり、現存在が身体的であることが判明にされるべきだろう。ただ一度だけハイデガーははっきりとこの主題を話題にしている。現存在の空間性がその身体性と結びつけられていると言われている第二三節である。それにもかかわらず、ハイデガーがただちに付け加えるように、身体性は、挙げた場所〔第二三節〕ではそれ以上扱うことができない固有の問題構制を自らのうちに腹蔵している（Heidegger 1986: 108/2013: 161）。この沈黙は、ハイデガーの術語、とりわけ手許にあるものと手前にあるものの間を区別することが、現存在が身体的である（そして通常手もまたもっている）とほのめかしていることをとりわけ顧慮すれば、唖然とするものである。

いまやなるほどこう反論できる。現存在はもちろん身体的であるが、いっそう詳細な主題的究明がまさにそれゆえに必要ないだけではなく、それどころか避けられるべきである、と。それが必要ないのは、存在の問いのように空間の分析はたやすく、また身体をはっきりと含め入れることなしでも完遂することができるからである。それを避けるべきなのは、身体のいっそう詳細で主題的な究明は、人間学やましてや生物学に対する基礎存在論の境界をぼやかしてしまうかぎりで、基礎存在論の決定的な誤解に誘導することがあるだろうからである。

けれども、こうした答えがきわめて性急であったということに疑いはない。ハイデガーは『存在と時間』の一番最初の頁でさえ、哲学的研究ではけっして自明性を引き合いに出すことは許されないということを際立たせている。あるいは、ハイデガーが、同じ本の別の箇所で、なるほどカントに向けられているけれどもかれ自身にもまた適用することができる定式化によって表現しているように「こうした構制をたえず用いることは適切な存在論的説明から解放してくれるのではなく、それを要求するのである」(Heidegger 1986: 109/2013: 162)。さらに、身体性が研究に含め入れられるやいなや、現存在分析だけでなく、現象学的空間分析もまた、とりわけ存在の問いは決定的な豊穣化を被るということは確定的なこととして妥当しうる。

ハイデガーの分析の不足を直観的にわかるようにするために、他の多くの現象学者、とりわけ、フッサール、サルトル、メルロ=ポンティがなしてきた空間性と身体性の関係についてのいくつかの考察の概略を述べることにしよう。(8)

第三節　身体の発見

知覚的（空間的・事物的）対象がパースペクティヴ的に現出することについてのフッサールの考察は、かれの知覚分析の根本動向をなしている。対象はけっしてその全体性において与えられておらず、そのつどパースペクティヴ的に現出する。けれども、こうした一見するとつまらない周囲状況の吟味は、フッサールが身体に認める意義の理解にとって直接的な関連性がある多くの含意を顕わにする。

あらゆるパースペクティヴ的に現出することは、現出する何かを含意するだけではなく、何かがその人にとって現出する人もまた前提する。いまや、空間的に現出するものが、それぞれある特定の距離とある特定の角度で観察者に現出することが明らかにされるならば、主要な思想がはっきりとするだろう。あらゆるパースペクティヴ的に現出することは、経験する主観自体が空間と関連していることを前提する。いまや主観は唯一その身体性に基づいてのみ空間的位置をとるので、フッサールはこう説明することができる。空間的対象は受肉した主観にとってのみ現出することができるし、受肉した主観によって構成されうる、と。主観は身体的に係留されており、そして、それに応じて世界の現出の仕方はわれわれの身体性によって規定されている。したがって、世界はわれわれに、いわば身体的開示態において与えられているのである。

知覚的志向性の可能性の条件としての身体に対するこうした考察は、どれほど緊密に知覚と姿勢が相互に結びつけられているかが把握されればすぐに、なお徹底化することができる。われわれの知覚は能動的研究の問題でもあり、単に純粋に受動的な受容ではない。したがって、身体は不動の方位づけの中心として機能するだけではなく、身体の運動は知覚的現実の構成にとって決定的な役割もまた演じる。ギブソンは、われわれは、それはそれで空間のなかであちこちへ動くことができる身体に結びつけられている、それはそれで回すことができる頭にある可動的な目によって見るということを指示した。したがって、一つの静止したパースペクティヴは、可動的パースペクティヴの限界事例にほかならない（Gibson 1979: 53, 205/1985: 57, 220）。

それに対応してフッサールは、われわれの運動（目の運動、手の触知、身体の動きなど）が空間や空間的対象の経験にとって果たす意義に注意を向ける（Husserl 1966: 299）。最終的に、そのテーゼはこうである。こうした経験はある独特な種類の身体的な自己意識を前提する、と。知覚的客観の経験には、共に機能するが、主題化されない、自分の身体の位置や運動の体験、いわゆるキネステーゼ的体験が随伴している。わたしがリンゴの表面に触れるならば、リンゴは同時にわたしの指の運動の体験と共に与えられている。つまり、鳥の飛行を観察するならば、飛んでいる鳥は同時にわたしの目の運動の体験と共に与えられている。したがって、先鋭化すれば、こう言うことができる。強調しておきたいが、知覚的志向性は、フッサールにとって、身体的主観によってのみ実行することができる運動である、と（Husserl 1973e: 176）[9]。

けれども、フッサールのテーゼは、主観が、身体を所有するかぎりでのみ、客観を知覚し、道具や他の使用対象を用いることができるということだけではなく、むしろ主観は、身体であるかぎりで、すなわち、主観がどこまでも身体であるかぎりでのみ、まさに知覚することができ、対象を用いることができるということを意味するのである。わたしがレストランで座っていると想定してみよう。わたしは食べ始めたいし、ナイフとフォークに手を伸ばす。どのようにしてわたしにそれが可能なのか。ナイフとフォークをつかむことができるためには、わたしはそれらの位置をわたし自身との関係で知らなければならない。したがって、わたしの客観の知覚は、わたし自身についての情報を含んでいなければならない。さもなければ、わたしはそれに基づいて行為することができないだろう。机の上に現出するフォークが（わたしの）左にあり、現出するナイフが（わたしの）右にあり、現出する皿は、（わたしの）向かい側にある。したがって、身体は、あらゆる経験において絶対的零点として、あらゆる経験される対象がそこに向けて方向づけられている指針となりうる「ここ」として現在的であることによって特徴づけられる。受肉した主観としてわたしは、すべてのわたしの知覚的対象が関係づけられる関係点をなしている。「この空間がたえずその絶対的ここに関係づけられ続けることによって」身体は、その周りに自我中心的空間が展開する中心なのであり（Husserl 1966: 298; 1952: 159; 1962b: 392/ 2001: 187f.）、それゆえフッサールはこうも書く。あらゆる世界経験はわれわれの身体性によって媒介され可能にされている、と（Husserl 1962a: 220; 1952: 56; 1971: 124）。こうした論証には、メルロ＝ポンティやサルトルの場合にも突き当たる。けれどもここでは、身体を含め入れることはもっぱら知覚理論のパラダイムに結びつけられているだけではないということには議論の余地がないというように定式化されている。わたしが世界を経験するとき、身体は――いまやメルロ＝ポンティの定式化を選ぶならば――それ自身把握されていない（すなわち、ただ先反省的に意識されているにすぎない）けれども、すべての対象が顔を向ける世界の中心点として共に与えられている（Merleau-Ponty 1945: 97/1967: 148）。サルトルは使用関連によって構造化され、個別的対象の位置と方向づけが実践的主観に関係づけられている空間について語る。ナイフが机の上にあることは、わたしがナイフに手を伸ばすことができることを意味する。したがって、身体は、あらゆる企図やあらゆる知覚においてたえず現在的である――身体はわれわれの立脚点かつ出発点であり、簡潔には全体的関連中心である（Sartre 1943: 360ff./2007: 262-9）。それゆえ、身体はまたさしあたりそのものとして探り出されることはなく、そうしてはじめてその世界関連のうちで探求される。身体はわたしと世界の間のガラス板ではなく、われわれの原初的世界内存在である――身体のおかげでわれわれはもともとすでに外で事物の許にある。サルトルは『存在と無』のなかでこう書いている。

こうして知覚領野は、こうした関連性によって客観的に限定されており、その周りに方向定位しているまさにその領野のなかに状況づけられている中心に関係している。だがこの中心を考察された知覚領野の構造とみなしてはいない。すなわち、わたしたちが中心なのである。……したがって、こうしてわたしの世界内存在は、単純に世界を実在化するので、実在化する世界によって自己自身を世界内部的存在として示すことができるのであり、そして、それは別様ではありえない、というのは、世界によって存在する以外に世界と接触する仕方は存在しないからである。わたしがそのなかにおらず、その上で漂う瞑想の単なる客観である世界を実在化することはわたしには不可能だろう。そうではなくて反対に、世界が現実存在し、わたしが世界を超越することができるためには、わたしは自分を世界のうちで失わなければならない。こうした、わたしが世界のなかに入った、「世界に至った」と言おうが、世界が存在すると言おうがわたしは身体をもっていると言おうが、それは同一のことである（Sartre 1943: 381/2007: 254-7）。

身体の現象学的究明は、身体の原初的現出形式を出発点とする。わたしはすでに言及した。わたしの知覚的対象のパースペクティヴ的現出は、わたしの身体の（隠在的）意識をわたしに付与する、と。しかし、絵画を鑑賞している、あるいは、たとえばコーヒー豆をひいているときに、どれほど厳密に、われわれに身体は与えられているのか。身体は知覚的に現在の客観の下にあるのか。空間的客観としての自分の身体の間接的経験が問題なのか。あるいは、ハイデガーと共に問えば、身体への集中は、現存在を手前にある何かとして不適切に解釈することの現れではないのか。けれども、サルトルもフッサールもメルロ＝ポンティも身体は他の客観のなかの単に一つの客観ではないということを指摘してきた。身体の現出の仕方は基本的に普通の対象と区別される。わたしは空間的客観に近づいたり離れたりすることができる一方で、身体は、およそ世界へのパースペクティヴをもつことができる可能性の条件としてたえず現在的である。つまり、根源的には、まさに身体は、世界へのわたしのパースペクティヴなのであり、まさにそれゆえに、それに対してわたしがある特定のパースペクティヴをもつ客観には属していない。反対を主張したならば、無限背進に迷い込んでしまうだろう（Sartre 1943: 365/2007: 274-6; Merleau-Ponty 1945: 107/1967: 162）。身体は現在的である、けれども永久的な知覚的客観としてではなく、わたし自身として現在的である。サルトルはそれどころかこう言う。身体は不可視的に現在的である。なぜなら、つまりは、身体は生きられておりにまさに認識されるのではないからである、と（Sartre 1943: 368f./2007: 282ff.）。換言すれば、われわれの機能する身体は、基礎的かつ抜本的な仕方で臨在している。われわれの世界との馴染みの相互作用が損なわれるとき、随意的反省の場合（哲学的考察や自分を鏡のなかに認めるとき）や、病、疲労困憊、痛みのような限界状況によって押しつけられる反省の場合にのみ、われわれははっきりと身体に気づく。

普通の周囲状況の下で、わたしは、わたしの腕がどこにあるかを知るために、腕を視覚的に知覚する必要はない。わたしはフォークに手を伸ばしたいならば、一番最初にわたしの手を空間のなかで局所化する必要はない――わたしは手を探す必要がない。なぜなら、わたしは手を実際つねにわたしの許にもっているからである。身体は、空間的対象とはおよそまったく異なる様式で与えられている。フッサールが、機能する身体の位置と運動について語るとき、身体は空間的客観の運動や幾何学的空間のなかでの位置に関係づけられはしない。身体の空間性は、位置にではなく、状況に結びつけられている。身体の「ここ」は、他の諸々の空間点のなかの空間点ではなく、他のすべての座標を一番最初に可能にする、世界の支えなのである。換言すれば、身体の「ここ」は、わたしがまさにいる場所とは反対に、わたしに対してけっして「そこ」となることはない絶対的「ここ」なのである（Husserl 1952: 158f.; 1973d: 265/ 2001: 187; Merleau-Ponty 1945: 162, 164, 173/1967: 234f., 236f., 247f.）[10]。

根源的には、すなわち、先反省的には、身体はパースペクティヴ的には与えられておらず、わたしはわたし自身にとってけっして空間的客観として与えられてはおらず、空間的客観を「統御するもの」として与えられている（Husserl 1973b: 240）。別のことを主張することは、われわれの最も固有の身体的実存を誤解することを意味するだろう。

> 身体と意識に対する身体の関係という問題は、まず物体を、その固有の法則をもち外側から規定することができるある特定の事物として措定するが、その一方で、それに固有の類型の内的直観によって意識に到達するということによってしばしば不明瞭になる。つまり、わたしが「わたしの」意識をその絶対的内面性において、多くの反省的作用によって把握し、そうしてそれ〔わたしの意識〕を、その物質自体が化学的に水原子、炭素原子、リン原子などとして分析可能である神経系、脳から、腺から、消化器、呼吸器、循環器からなるある特定の生きている客観と合一しようとするとき、わたしは克服しがたい困難に出会う。しかし、この困難は、わたしがわたしの意識を、わたしの身体ではなく、他者の身体という物体と合一しようとすることから生じる。というのは、わたしがたったいまその記述の概略を述べた物体は、それがわたしに対してあるのとは異なるわたしの身体であるからである（Sartre 1943: 342/2007: 219）。

サルトルは、その根源を究極的に死体の解剖学的研究にもつ生理学的な異他的パースペクティヴによってわれわれの身体理解を規定することを警告している（Sartre 1943: 410/2007: 332）。フッサールもまた、(a)あらゆる空間的経験に随行し、それを可能にする非主題的、先反省的、生きられた身体意識と、(b)物体についての主題的かつ客観化する経験との間のこうした有力な区別を強調する。したがって、機能する、主観的、先反省的身体と、主題化される、客観的物体とを区別しなければならず、その基づけ関係を明らかにしなければならない。わたしの根源的身体意識は、けっして対象意識ではなく、空間的客観としての物体についての経験ではない（Husserl 1973b: 240）。むしろこの場合、他のあらゆる知覚的経験のように、自己客観化を一番最初に可能にする、主題化されず、共に機能する身体意識に依存する自己客観化が問題である。

ここでもまた注意すべきなのは、事物的経験の場合に身体が機能する身体として（したがって、単なる事物としてではなく）共に経験されているということであり、身体は、身体自体が事物として経験されている場合に、経験される事物としてかつ機能する身体としてまさに二重かつ一つになって経験されているということである（Husserl 1973c: 57）。

換言すれば、客観としての身体の構成は、受肉していない主観によって果たされる活動ではない。それに対して、機能する身体性の自己客観化が問題である――自己客観化はもともとすでに身体的に実存する主観によって遂行される。根源的にわたしは身体についての客観化する意識をもたず、わたしは身体である（Sartre 1943: 348f., 366f., 374f./2007: 233ff., 277-81, 297ff.）。

現象学的身体分析は単なる領域的-存在論的研究とは異なるし、それ以上であるということにまったく疑いはない。フランスの現象学者たちの場合のようにフッサールの場合、身体は、われわれ自身、世界、他の主観との関係の分析が重要であるとき、決定的な役割を演じる——換言すれば、物体を含め入れることは、自己意識、志向性、相互主観性の理解を変貌させる。したがって、超越論的主観の身体性をフッサールが強調する場合、もともとカントが導入した、超越論的自我という概念と究極的にはまた超越論哲学という概念とから根底的に距離をとることが問題なのである。カントにとって、超越論的自我は、超人称的な、論理的に演繹された、抽象的な根拠づけの原理であり、それに対してフッサールにとっては、具体的かつ有限な主観なのである。古典的（カント的）意味での厳格な超越論哲学が、精神分析、社会学、人間学、民俗学のような領域は、あらゆる超越論哲学的関連性なしの経験的-内世界的問題領野であると主張するだろう一方で、後期フッサールの場合やメルロ＝ポンティの場合も、かれらが身体性、規範性、世代生産性、伝統、時間性を根底的に真剣に受け取るかぎりで、超越論的対象領野の重大かつ決定的拡張に突き当たる[11]。個別的な局面にのみ言及しておこう。身体分析が死と誕生についての考察のきっかけとなり、したがって、われわれの事実性の深化した理解に至るということは終始首尾一貫している。生まれるということは、それ自体自分自身の基礎を形成せず、ある相互主観的自然や文化のなかに状況づけられているということを——自身で選択したのではない歴史的、社会学的脈絡のなかにあるということを意味する（Merleau-Ponty 1945: 399/1974: 208）。

したがって、こう自問する必要はない。なぜ思考する主観あるいは意識は自己を人間として、受肉した主観として、歴史的主観として統覚するのか、と――こうした統覚は、それをその絶対的実存から出発して遂行する二次的操作ではない。すなわち、絶対的〈意識〉流は、自己をそのまなざしのもとで、「一つの意識」として、人間として、受肉した主観として現れる。なぜなら、それ〔絶対的意識流〕は現在領野――自己自身の許にあり、他者の許にあり、世界の許にある現在――であり、この現在はそれ〔絶対的意識流〕を、そこからそれ〔絶対的意識流〕が自己をひとりで理解する自然世界や文化世界に投げかける（Merleau-Ponty 1945: 515/1970: 367f.）。

まさにこうしたことを背景にして、現存在の身体性の欠陥のあるハイデガーの究明には問題があるように思える。ハイデガーの空間分析だけがこうした仕方でかなり干からびて不毛になるだけではなく――ただハイデガーの現存在の切り開きの究明を、フッサール、サルトル、メルロ＝ポンティの場合の共に対応する分析と比較するだけでよい――多くの他の分析もまた、たとえば、ハイデガーの相互主観性(12)の究明が現存在自体の事実性と世界内存在との研究についてまったく沈黙しているように、形式主義的で、非直観的にとどまり続けている。

第八章　相互主観性

現象学に対する古典的な批判は、現象学は、とにかく相互主観性の意義に対する感覚《センス》をもっていないがゆえにか、あるいはまた、原理的根拠から、その主題を正しく評価することができないがゆえにか、なにも説得力のある相互主観性理論を提供しないというものである。古典的論証を要約しておこう。現象学の課題が、現出の可能性の条件を研究することにあるかぎりで、そして、この研究を、主観と主観に与えられるものの間の関係の分析として、すなわち、構成する主観の構成される客観との関係の分析として完遂することにあるかぎりで、他者の十全な究明は現象学にとって端的に可能ではない。異他的主観、他者について語ることは、不可避的にその所与性を超え出るものについて語ることを意味する。異他的主観として、他者には、わたしにとってつねに到達することができないままであり続ける自己所与性が固有である。すなわち、こうした自己所与性は現象学的研究も免れ、そうして現象学は、その出発点と同様にその結果に関して、独我論にとらわれ続ける。

ニクラス・ルーマンとユルゲン・ハーバマスのような二人の優れた社会理論家が、フッサールは、説得力のある主観性理論を定式化することに成功したはずであるということにかなりはっきりと異論を唱えた。ルーマンはこう述べている。フッサールの理論は脆弱であり「困惑の表現、実際、敗北の自白とみなさねばならない」(Luhmann 1995: XLI) と。ハーバマスは、言語が相互主観性の基礎をなしていると何度も批判的に述べ、現象学に関して、まさに言語的相互作用の意義を誤解しているので、現象学は克服できない問題に囚われていると非難している (Habermas 1988: 16, 88/1990: 16f., 109f.)。現象学はまったく原則的に一人称パースペクティヴをその出発点とするかぎりで、主観と他者との間につねにある一定の非対称が存立することになり、そう言えるかぎりで、したがって、当該の主観の間に完全な相互性が達成されないかぎりで、その分析は失敗とみなされねばならないだろう。

けれども、こうした批判の正当性は、きわめて疑わしい。いわゆる言語論的転回は近年意識への新たなる関心に屈しただけではない。何ひとつとして、ルーマンやハーバマスがおよそフッサールの相互主観性理論のしっかりした知識を意のままにしただろうということを示唆しはしない[13]。まったく一般的に、現実に現象学的伝統に馴染んだ者は誰も、現象学者が相互主観性の哲学的意義を過小評価してきたと主張することはない。相互主観性には——いまや自己と他者の間の具体的関係として理解されようが、社会的に構造化された生世界として理解されようが、超越論的根拠づけの原理として理解されようが——決定的な役割が認められるだけではなく、他のどんな哲学的潮流も現象学のように相互主観性のさまざまな様相性の分析のもつそうした多様性をかき集めなかった。

以下では、こうした豊饒で実り豊かな対決のいくつかの局面が究明されることになるはずである。

第一節　感情移入と異他心理的なものの問題

二、三の哲学の学派は相互主観性問題を異他心理的なものの問題として定義してきた。この問題の古典的解決の試みは、類比論証という名称のもとである一定の名声を手に入れてきた。その論証は以下のとおりである。他の意識へのわたしの通路は、つねに、そのつど他の意識の身体的ふるまいを経由して通じている。しかし、どのようにわたしに他の物体の経験が他の意識への通路を与えることができるのか。わたしはわたし固有の意識を出発点にすることができるし、どのようにわたし自身の意識がわたしの物体的ふるまいに結びつけられているかを観察することができる。それから、わたしはわたしの注意を他の人格の物体的ふるまいに向けることができるし、わたしは、わたしの物体的ふるまいと他者の物体的ふるまいの間に類比を確認することによって、他者の物体的ふるまいが推定上わたし自身の意識現象とまったく同じように意識現象と結びつけられていると推論することができる。たとえば、わたしの場合、痛みは嘆くことと泣くこととよく結びつけられている。さて、わたしは、あるひとが嘆きかつ泣いていることに気づくならばこう推論する。そのとき、あるひとはたぶんまた痛みを感じているだろう、と。わたしにこの推論は、他者についての、まったく間違いの生じようのない知を与えはしないけれども、そしてわたしに、他者の意識を経験することを許さないけれども、推論は、わたしに少なくとも、異他心理的なものの現実存在を否定するよりはむしろ信じるきっかけ

を与える。(14)

相互主観性問題のこうした解決は、現象学者たちのあいだでは必ずしも大きな歓声を引き起こしたということはなかった――それはまったく反対にほとんど異口同音の批判の対象であった。少なくともいっそう影響力の大きい批判的反論のうちのいくつかがここで言及されることになるだろう。さしあたり、わたしの原初的自己経験が、およそ純粋に心理的な種類のものであるかどうかを、そして、他者についてのあらゆる経験に事実上先立ち孤立して生じるかどうかを考量するべきだろう。さらに類比論証は、けっして他者の考えていることや感情は経験されず、事実上与えられているもの、つまり、物体的なふるまいに基づいて、多かれ少なかれそれらの蓋然的な現実存在を推論することができるにすぎないということから出発する。一方で、こうした想定はきわめて主知主義的な捉え方を前提しているように見える――動物や幼児だけが、他の意識的存在者が存在しているという想定を共有しているように見えるだけではなく、その場合、推論としては純粋に論理的考察にはほとんど妥当することはない。他方で、こうした直観はまったくあからさまに内と外、体験とふるまいという問題のある二分法によって条件づけられている。すなわち、異他心理的なものの問題の解決は、物体と意識〔身体／心〕の関係の正しい理解を前提しているということ〔である〕。ある一定の意味で、体験は、内的ではなく、脳髄のなかに隠された生を導くのではなく、身体的ふるまいや行為のなかに表現を見出すのである。異他的な顔を認めるならば、わたしは、それをまったく無媒介的に、たとえば、友人の顔や敵の顔として見る。さらに、身体的なふるまいは有意味でありかつ志向的であり、それ自体として内的でも外的でもなく、こうした人工的区分の彼岸にある。メルロ=ポンティはこう書いている。

この箇所で、愛、憎しみ、怒りから、唯一の道具として、それらを感じている者にとってのみ接近可能である「内的現実」ができているという先入見を退けねばならない。怒り、恥、憎しみ、愛は、他者の最も深い意識層に隠されている心理的事実ではなく、外から見ることができる行動の仕方とふるまいの様式なのである。それらはこうした表情のうえやこうしたふるまいのなかにあるのであり、それらの背後に隠されているのではない（Merleau-Ponty 1996: 67/1983: 77）。

そのような考察や類似した考察に基づいて、現象学者たちはしばしばこう説明してきた。まず物理的身体を経験して、そうして後から異他的主観性の現実存在が開示されるのではない――むしろ面と向かっての具体的な出会いのなかで単なる物体や隠された意識に直面しているのではなく、〔両者の〕統一に直面しているのである。われわれは他者の激しい怒りを見、他者の心痛を感じるのであり、その現実存在を推し量るのではない。したがってまたこうも言われてきた。異他心理的なものの問題は、他者の身体についての経験が普通の対象経験と根底的に異なっているのと同様に、他者の身体が基本的に身体なき対象と区別されるかぎりで、解決することができない、と。自己と他者の関係は、類比推論によってはじめて創設されるのではない。むしろ洞察しなければならないのは、まさに他者の感情、欲求、推測を多かれ少なかれ直接的に経験することをわれわれに可能にする、まったく特殊で、還元不可能な意識様相、特別な種類の志向性――よく感情移入（Empathie, Einfühlung）あるいはまた単純に異他経験と呼ばれる――が存在するということである。したがってまた、現象学の課題は、まさに、感情移入の構造を説明することと、感情移入が、知覚、空想、想起のような他の形式の志向性とどこで区別されるのかをいっそう厳格に規定することとにあった[15]。

確かにたいていの現象学者は、およそ、何らかの仕方で与えられており、経験可能であるときにだけ、他者について語ることができるという意見である。しかし、わたしは、他者についての現実的経験をもつことができるし、単なる推論で満足してはいけないということは、他者が他者自身を経験するのとまったく同じように、わたしが他者を経験するということ、あるいは、わたし自身の意識と同じように、わたしに他者の意識が接近可能であるということをけっして意味しない。けれども、それはまた問題ですらないのである。わたしがわたし自身の意識と同じように他者の意識への通路をもっていたならば、フッサールはこう注意を促す。われわれの間の区別が破棄されてしまったならば、他者はその代わりにわたしの固有本質の一契機となっただろう、と（Husserl 1973a: 139/2001: 195f.）。他者の自己所与性は、わたしには接近不可能であるが、まさにこうした接近不可能性や限界をわたしは経験することができる。すなわち、わたしが他の主観についての真正の経験をするならば、わたしはまさに、他の主観はわたしを逃れるということを経験する。したがって、他の主観の所与性は、まったく特別な性質をもつ。レヴィナスの定式化ではこうである。「他者のこうした不在がまさに他者としての臨在なのである」（Levinas 1995: 65/2012: 98）。したがって、他者の他性は、まさに他者の接近不可能性に現れる。わたしが、他者の感情や考えることを、他者自身とまったく同じように経験するだろうときにだけ他者を現実的に経験すると主張することはまさしくばかげている。つまり、それは、わたしは、他者を、わたしがわたし自身を経験するのと同じ仕方で経験するときにだけ他者を経験するということを意味する——そして、それは、すでに言ったように、わたし自身と他者の間の区別の破棄に至るだろうし、他者の他性の否定に、したがって、まさに他者を他者たらしめているものの否定に至るだろう。

けれども、感情移入の現実存在を比類のない、還元不可能な異他経験として承認することは、いまだ現象学的相互主観性理論の終局や絶頂ではなく、ようやく始まりなのである。つまり、たちまち多くの新しい問いが浮上する。たとえば、現象学者は本来感情移入の可能性をどのようにして説明しようとするのか。そして、感情移入はおよそ他者との具体的な出会いに還元することができるのか。

第二節　身体的主観性と内的異他性

独自かつ特殊な種類の異他経験の承認は、類比論証と比べてみると明白な進歩であるけれども、相互主観性の分析は、ここにたちとどまることはできない——他者を現実に経験する能力を、単純に原初的な事実かつそれ以上分析できない事実として受け入れることはできない。むしろこの異他経験の可能性の条件が発見されねばならない。わたし自身の身体的主観性の本質様式は、他者とのわたしの出会いを先取りしており、他の身体的主観と統合し、他の身体的主観を異他的主観として承認する能力を何よりもまず可能にするという論証が引き合いに出される。

　しかし、いかにして、そしてなぜ、わたしの身体は他者との出会いのために道を開くのだろうか。身体の根本動向はその奇妙な二重の地位である。わたしの身体は内的な何かとして与えられており、意志の構造や感覚性の領野として与えられているが、同様にまた視覚的かつ触覚的に現出する外的な何かとしても与えられている。さて、どのようにして、フッサールがそれらを名づけたように、内的身体性と外的身体性の間の関係を、いっそう詳細に規定することができるのか（Husserl 1973c: 337）。どちらの場合でも、わたしはわたしの身体と直面していると思う。しかし、どのようにして視覚的・触覚的に現出する物体をおよそわたしの身体として経験することができるのか。わたしの左手が右手に触れる事例をいっそう詳細に考察するならば、触れている手は触れられた手の表面を感じている。左手は触れられているが、左手は単なる対象としてだけ与えられているのではない。なぜなら、左手は実際またそれ自身接触を感知しているからである。（そう言えなかったならば、左手はもはやわたしの手として経験されていないだろう。一度仰向けで腕を枕にして眠り込んでしまった者は誰でも、感覚の麻痺した腕と共に目覚めることがどれほど不快かつ異様であるかを知ることになる。その腕はいわば接触に応えず、他者の腕も同然だろう。）自分の身体の接触と――いまや他の対象の接触であれ、他者の物体の接触であれ――あらゆる他者の接触との間の決定的区別は前者はいわば二重化された感覚を共に含んでいるということにある。二重化された感覚は、二つの異なる役割の間、つまり、触れることとそれ自体触れられることとの間で交代する二義的状況にわれわれを直面させる。したがって、二重化された感覚は、われわれに身体の二元性を体験することを可能にする——というのは、実際、こうした二つの異なる仕方で現出することができる同一の手が問題であるからである。現出することは、ここでは、触れられるものと触れるものとの間の関係が、実際、触れるものがまた触れられ、そして、触れられるものもまた触れるので、逆転可能であるということである。まさにこうした逆転可能性は、内的なものと外的なものは同じものの二つの異なる顕現にすぎないということを証明する。したがって、わたしの身体経験は、わたし自身の「外面」の経験の内容をなしており、そして、異他経験の可能性を理解することが重要であるときに、まさにこうした経験が決定的であるということが論証として引き合いに出される。すなわち、わたしは、まさにわたしの最も固有の自己経験が根源的にもともとすでに異他性の次元を包摂するからこそ、他者と出会うことができるのである。もし、主観性が唯一、排他的な一人称パースペクティヴからのみ接近可能であったならば、もし、主観性が無媒介的かつ比類のない内面性としてのみ現在的であったならば、わたしはまた主観性のある特定の事例——つまりわたし自身の主観性の事例——のみを知ることができるにすぎないだろうし、けっして他の事例を理解することはできないだろう。したがって、他の物体を異他的身体的主観として再認識することが不可能であるだけではなく、わたしは、鏡のなかのわたし自身を再認識する能力もまた欠いており、そして、なおいっそう基礎的なことには、わたしは、相互主観的に記述可能な物体をわたしの物体として、わたし自身として把握することができないだろう。メルロ＝ポンティはそれについてこう書いている。

主観の唯一の経験が、自己自身との合致に基づいているならば、精神が本質上「異他的観察者」から逃れるならば、そして、精神が内からだけしか認識することができないならば、わたしのコギトは必然的に唯一であり、他者とは「共有可能」ではない。コギトは他者に「転用可能」であると言うことになるのか。だが、どのようにしてそうした転用がそのつど動機づけられていることがあったのだろうか。どのような光景がわたしにかつてわたし自身の外に、その意味が一人内側から認識可能であることを必要とする実存性質をもつ存在者を措定する正当なきっかけを与えることができたのだろうか。わたしがわたし自身の内で、対自と即自との結合を認識することを学ぶのではないならば、わたしにはけっして他者の身体の機構に生命を与えることはできない。つまり、わたし自身がわたしの外をもたないならば、他者は自己の内をもたない。わたしがわたし自身の絶対的意識をもつならば、意識主観の多性は不可能である（Merleau-Ponty 1945: 427f./1974: 247f.)。

ところが、実際、相互主観性は可能であるだけではなく、事実上もまた現実存在するので、したがって、わたしの自己経験と他者についてのわたしの経験の間に結合が存在しなければならない――自分の主観性についてのわたしの経験は、他者の予感、期待を包摂しているに違いなく、異他性の萌芽を自らの内に腹蔵しているに違いない。わたしが他の身体的主観を異他的なものとして承認することができるはずであるならば、わたしは、そうすることができるようにする何かを意のままにできなければならない。けれども、わたしの自己経験とわたしの異他経験の共通の分母が存在する。どちらの場合も、わたしは身体性と関わっており、わたしの身体的自己意識の根本動向には、まさに、身体性そのものは外的なものを包摂するということが属している。わたしの左手が右手に触れるならば、あるいは、わたしがわたしの足を見るならば、わたしはわたし自身を経験する。しかも、ある一定の意味で、わたしが他者を経験し他者がわたしを経験するだろう仕方に先行する仕方で経験する。身体的に現実存在することは、純粋主観としても純粋客観としても現実存在することを意味するのではなく、こうした対立を超え出る仕方で現に存在することを意味する。身体的に現実存在することは、自己所与性の喪失を意味するのではなく――むしろ自己所与性そのものはつねに、完全な自己透明性の喪失を、あるいはひょっとするとむしろ解放を伴い、そうしてまさに相互主観性を可能にする身体的自己所与性なのである。「他者の明証は、わたしがわたし自身にとって透明ではなく、わたしの主観性もまたたえずその身体を自分の方へ引き寄せることによって可能である」(Merleau-Ponty 1945: 405/1974: 216)。まさに、わたしがわたし自身にけっしてそれほど近くなく、他者が完全かつ根底的に異他的で到達し難く現出するがゆえにこそ、他者をわたしは経験することができるのである。わたしはすでにわたし自身にとって異他的な者であり、それゆえにわたしを他者に開くことができる。あるいは、別様に述べれば、世界のなかのわたしの身体的現存在は、以前からずっと相互主観的・社会的なのである。まさにわたしが純粋な内面性ではなく、自己の外に生き、自己自身を超越する身体的存在であるからこそ、わたしは、同じ仕方で現実存在する他者に出会い、他者を理解することができるのである。

多くの現象学者は、ある種の内的異他性を身体的主観性構造自体に局所化する試みを、自己と他者の間の根本的区別を些細なこととみなす方向への歩みとして解釈してきた。他の現象学者は、相互主観性は、自己と他者が絶対的に異なり、分離しているものとして理解されるかぎりで謎であり続けることになり、差し迫った独我論を回避する唯一の可能性が、自己と他者の区別を、基づけられた派生的な区別として、したがって、共通の、差異化されていない匿名的生から生じ、こうした基礎の上に形成される区別としてとらえるという主張によって、対立する方向をとってきた。まったく具体的には、われわれの人称的主観性は、非人称的で、暗く、匿名的な実存に基づけられているという主張が立てられた。したがって、生きられる先反省的主観性は、人称的構造あるいは「自我を伴う」構造を欠いている。本来的かつ根本において、それは経験をしているわたしではけっしてない――むしろ経験は「生起する」。したがって、主観性がどこまでも基礎的匿名性によって貫かれているかぎりで、他者の経験はもはや問題ではないだろう。実際わたし自身も、他者も経験をしておらず、むしろ、メルロ＝ポンティが書くように、われわれのどちらも馴染んでいる「匿名的可視性」が経験をしているので、およそ異他心理的なものの問題は存在しない（Merleau-Ponty 1964: 187/1989: 199f.）。わたしは、共通の知覚的領野に所属していることを忘却するので、その瞬間にはじめて他者の経験が問題のあるものになる。したがって、相互主観性はけっして幼児にとってではなく、大人にとってのみおよそ問題であるという主張もまた擁護されてきた。その根拠は、初期の生の位相に、自己経験も感情移入も存在せず、単にあらゆる差異化なしの共通の匿名的実存が存在するということだろう。メルロ＝ポンティは『シーニュ』でこう書いている。「相互主観的生に『先行する』ものは、つまりこの次元では個体化も数的区別も存在しないので、数的に相互主観的生と区別することはできない」(Merleau-Ponty 1960: 220/1970: 27)。

けれどもはっきりと強調されねばならないのは、ある区別が、究極的に主観性の個体性を否認する理論と、非人称的な何かを主観性の核心に植え付ける見解との間に存立するということである。究極的には、個体性と匿名性は、その間で選択をしなければならない主観性の二つの異なる捉え方ではなく、むしろ、両方とも同じように具体的主観の構造に属する二つの契機なのである。

第三節　感情移入の彼岸？

相互主観性の正しい理解は、身体的主観性の研究を必要とする。相互主観性そのものの可能性は、身体的主観性の組成に係留されている。けれども、幾人かの現象学者は、主観性と世界の間の関係のよりよい理解が、相互主観性へのわれわれの洞察を深めることになるという捉え方もまた代表してきた。いっそう厳密に言えば、かれらは、相互主観性は主観と世界の間の志向的関係の内にその場所をもつという捉え方を代表してきたのである。

• ハイデガーは、周知のように、主にわれわれが日常生活で関わる対象の根本動向は、他の主観への指示を内容としている——他者によって産出されてきたがゆえであれ、われわれがそれを用いて行う仕事が他者のために実行されるがゆえであれ——という意見であった。換言すれば、われわれの日常的現存在には、たえず、いまやまた対象がそれ自体事実上臨在していようがいまいがまったくどうでもよく、われわれは他の主観を指示する対象を扱うのである。したがって、われわれの配慮する世界内存在は、以前からずっとそして根源的に社会的である（Heidegger 1986: 116, 120ff./2013: 173, 178-82）。

• 対応する論証はメルロ＝ポンティやフッサールにもある。けれども、かれらは相互主観性を工具の使用に係留する代わりに、むしろ経験の対象の公共性に集中する。かれらは、次のような意見である。主観は志向的に客観に向けられており、その客観の地平的所与性が、客観が他者にも接近可能であることを証明する、と。わたしの経験対象は、わたしに対するその現出のなかでくみ尽くされるのではなく、むしろ経験対象にはたえず——たとえわたしに瞬間的にはそれ自体接近可能であるはずがない（わたしは同時に椅子の前面と背面を見ることができない）ときでも——終始他者が経験することができる同時的諸局面からなる地平がある。したがって、経験的対象は、いまや事実上臨在していようがいまいが、つねに他者にとってもまた存在するので、対象はこうした他者を指示しており、まさにそれゆえに相互主観的と呼ぶことができる——対象はわたしにとって現実存在するだけではなく、他者もまた指示している。同じことは、わたしが相互主観的に到達可能な対象に向かっているならば、わたしの志向性にも妥当する。したがって、相互主観性はもともとすでに他の身体的主観とのわたしの具体的出会いに先立って共主観性として現存する（Merleau-Ponty 1960: 23, 215/1969: 20f., 1970: 21f.; Husserl 1962a: 468）。

• 最終的に、わたしに対して与えられている世界はもともとすでに他者によって開示されており、構造化されているという周囲状況にも気がつく。わたしが考えることができるかぎり、わたしは他者と共に存在してきたし、したがって、わたしの世界理解は相互主観的に伝承されてきた理解の形式と一致して構造化されている。一般に、わたしは世界を――そしてわたし自身を――従来の慣習を背景にして理解している。わたしは、最も一般的な事例では他者に由来することを学び、したがって、無数の世代の鎖を経て遠い過去にまで伸び広がる共通の伝統を共有している。あるいは、フッサールが言うように「わたしがわたしであるのは継承者としてである」（Husserl 1973c: 223）。

要約することにしよう。したがって、われわれが生きている世界は、共通かつ公共的であり――私秘的ではない。主観性と世界は、双方向的に相互に関係づけられており、そして世界は他者への本質的指示を含んでいるので、主観性もまた不可避的に世界を共有する相互主観性から独立には理解することができない。

こうした考察は、なるほど理性的・説得的にはたらくかもしれない。それにもかかわらず、こうした考察は、相互主観性を巡る現象学的対決の場合に最も重要な係争問題のうちの一つへの誘因を与えた。何がいっそう基礎的なのか。他者と面と向かっての具体的なそのつどの出会いか、あるいは、共通の世界のなかでのわれわれの実存か。何が超越論的優位をもつのか。他者との匿名的共存在か、あるいは、他者の超越や異他性との出会いか。こうした基本的な条件の内の一つが他者の前提をなしているのか。使用対象、経験、理解の相互主観性についての考察が、相互主観性が二つの個体の具体的・主題的出会いに還元できないことを示したという推論は容易に思いつくように思える。換言すれば、感情移入の理論によって手に入れることができない相互主観性の議論の局面が存在する。けれども、いくつもの側面から、批判は先鋭化されてきており、感情移入は相互主観性の派生的な形式であるという主張が立てられてきた。相互主観性を根拠づける代わりに、感情移入は、むしろもともとすでに与えられた相互主観性を顕わにしている——したがって、他者の経験や思想を主題的に把握し、理解するというわれわれの努力は規則であるよりもむしろ例外である。普通の周囲状況の下でわれわれは互いをすでに共通の世界への帰属に基づいて理解する——そして何らかの根拠に基づくこうした理解が崩れてはじめて、感情移入のようなものがおよそ必須であり、意義をもつ。けれども、もしそう言えるならば、感情移入をその出発点と恒常的な関係点とする相互主観性の研究はわれわれを思い違いさせることがあるにすぎない。

第四節　他者の超越

判明になったのは、幾人もの現象学者が、感情移入の承認とその分析を相互主観性の現象学的究明の礎石とみなしているということである。他の現象学者は、相互主観性の身体的前提の研究によって、あるいは、一定の形式の相互主観性が密接にわれわれの最も固有な世界内存在に結びつけられており、面と向かってのそのつどの出会いに先立ち、何よりもまずそのつどの出会いを可能にするという主張によって、なおさらに一歩先へ進んだ。けれども、すべてのこうしたさまざまな取り組みに対して、相互主観性の本来的核を、すなわち、根底的異他性との直面をとらえそこなっていると反論してきた現象学者もまたいる。こうした批判にここで手短に立ち入るべきである。

われわれの世界内存在が根本において構造化された相互主観性であると説明することは、相互主観性は事実的・偶然的な他者との出会いにすぎないのではなく、相互主観性がアプリオリにわれわれの主観性の本質的構造契機を形成しているということを意味する。こうしてたとえばハイデガーは、そのつどの出会いは単に、もともとすでに最初から手前にあったものを展開し、分節化するにすぎないという意見を支持した。だが、すでにサルトルが、自己と他者の間の深淵を、それらの等しさ、区別不可能性とアプリオリな結合を強調することによって架橋しようとするあらゆる「相互主観性」理論は、一元論に陥る危険を冒すだけではなく、究極的にはまたもはや独我論と区別できないことを考慮に入れるように促していた。相互主観性理論は、本来的・現実的に決定的なものに対する意味を、つまり、超越論的他者との、すなわち、まったく根底的意味で理解と経験を超え出ている他者とのわれわれの具体的出会いを失ってしまった。したがって、相互主観性は、とりわけ、逃走し、到達できない他者との出会いを問題の中心にする――相互主観性は、地平的依存関係よりはむしろ正面対決なのである。したがって、相互主観性をわれわれ固有の存在のアプリオリな根本動向として構築するあらゆる試みは、不可避的に他者の他者性を中立化せざるをえず、したがって本質的なものを見失わざるをえない（Sartre 1943: 281ff., 403/2007: 66-72, 365f.）。

ある種の内的異他性を身体的主観性自体に局所づけようという努力と、他者の出会いは主観に属する異他性によって準備されており、可能にされているという主張とは、同じような批判にさらされている。つまり、そうした努力は、自己と他者の間の区別を弱め、まさにそれゆえに究極的にはまた、他者の他者性を正当に評価することができない。自明なことではあるが、同じ批判は、自己と他者の間の区別は、共通で差異化されない匿名的な生に基づいて形成された、基づけられた派生的な区別であるという表象に対しても向けられてきた。自己と他者の間のあらゆる差異化に先立って現実存在する基礎的匿名性について語ることは、まさに解明されるべきものを、つまり、諸々の主観の間の関係として理解される相互主観性を覆い隠すことになるだけだろう。したがって、究極的には、そうした取り組みは相互主観性問題を解決するのではなく、むしろ解消するだろう。根底的匿名性を扱うことは、個体化と自己性のための余地を許さず、差異化も、異他性や区別も許さず、そしてそれゆえそうした次元では、主観性の意味についても語ることは、ほとんど意味をもたない。別様に言えば、根底的匿名性のテーゼは、自己所与される主観という概念を脅かすだけではなく、超越的かつ還元不可能な他者という概念をも脅かす。それゆえ、根底的匿名性とそれに潜伏的な独我論とがおよそ相互主観性の深化した理解になにか寄与することができるかどうかはただ疑わしいどころではない。

すでに言及したように、相互主観性は特別な種類の志向性とみなされる。けれども、引き合いに出されてきたのは、どんな志向性の形式も——したがって、感情移入もまた——われわれを他者に真正に出会わせはしないということである。志向性は、対象意識の形式でありかつあり続け、他者を他者がまさにそれではない何か、すなわち、対象に還元した後で、われわれを他者に出会わせるにすぎない。志向性はわたしを異他的な何かと関係させるけれども、レヴィナスによれば、志向性は相互的な関係ではない。志向性はいわば異他的なものと異なるものとを吸収し、その異他性を根絶し、既知のものや同じものに変える (Levinas 1982: 212f. 239/1998: 258f.)。したがって、それとはまったく反対に、異他的主観性は実際にはまさに把握できず、分類できないものである。「もし他者を所有し、つかみ、認識することができたならば、それは他者ではないだろう」(Levinas 1979: 83/2013: 92)。こうした取り組みによれば、他者とのわたしの出会いは、根底的かつ把握できない異他性との出会いである。したがって、わたし自身の主観性によって制限されておらず、公顕、啓示という性格を担うものとの出会いが問題なのである。レヴィナスにとって、真正の出会いは、知覚的あるいは認知的性質のものではなく、倫理的本性のものである。倫理的と特徴づけられた状況では、わたしは他者によって問いを立てられ、他者はわたしに要求を向ける、すなわち、わたしは他者に対する、他者が事実的に他者としてわたしに向き合っているということに対する責任を請け負わねばならない。似通った思考の進み行きに、次のような意見であるサルトルの場合に出会う。われわれは他者とわれわれの出会いのもつ現実に比類のないものと特別なものとは、こうした出会いの際に、それ自身を意識している対象を経験することにあるのではなく、むしろわたしが、まさにわたし自身を知覚し、客観化することができる他の主観に出会うことにある、と。したがって、他者は、それにとってわたし自身が客観として現出する者である。したがって、異他的主観性はわたしに、特別な、感情移入的客観として与えられているということによって開示されるのではなく、むしろ他者にとっての客観としてのわたし自身の意識によって開示されるのである。まさにもしわたしが（異他的主観にとっての、あるいは、異他的主観に対する）わたし自身の客観性を経験するならば、わたしにとって他者が主観であることはまったく一義的に与えられている（Sartre 1943: 296f., 308f./2007: 101ff., 129ff.）。

とりわけ、他者の超越と異他性を強調するために有名であるサルトルとレヴィナスがいるが、しかし、対応する考察はすでにフッサールにもある。もっとも、フッサールは明白な超越論哲学的関心によって導かれているけれども。フッサールは、世界の客観性は相互主観的に構成されている、いっそう詳細には、そのつどの主観はそれゆえまた他の、異他的主観の経験によってのみ客観性を構成することができるという捉え方である。とはいえ、なぜそのようになっているのか。なぜ他の主観の経験は客観的世界にとっての必須条件であるのか、そしてなぜわたしの対象についての経験は異他的主観性についての経験によって変化するのか。手短に言えば、フッサールの主要テーゼはこうである。わたしの客観的妥当性の経験は、わたしの異他的主観の超越の経験によって可能にされている（そして到達可能である）のであり、そしてこの――フッサールが最初の現実的異他性やすべての超越の源泉と呼ぶ――超越が世界に何よりもまず客観的妥当性を付与するのである、と。

> ここにはただ本来的にそのように呼ぶべき超越があり、そして、客観的世界のような、それ以外のなお超越といわれるすべてのものは、異他的主観性の超越に基づいている……（Husserl 1959: 495 Fussnote）。

しかし、なぜ世界と世界内的なものは、異他的主観を通してはじめて現実的超越を手に入れるのか、そしてなぜ対象は、はじめて現実的に超越的〔なもの〕として現出するのか。フッサールの説明が含意するのは、つまり、対象が他者によっても経験されるやいなや、対象をわたしの単なる志向的相関者に還元することはできないということである。わたし自身と同じように他者が同じ客観を経験していることをわたしが経験するときにだけ、わたしはこの客観を事実的に客観的客観として経験するのである。したがって、客観の相互主観的経験可能性が、客観の現実的超越を保証する、あるいは、それを否定的に表現すれば、原理的に他者が経験できないものには、超越も客観性も認めることができない――そしてそれゆえわたしの客観性の経験（あるいは構成）は、わたしの、他の主観にとっての客観性の所与性の経験と、わたしにとっての超越的主観とによって、すなわち、わたしの、異他的な世界経験する主観の経験によって媒介されている。まさにそれゆえに、他者の超越はこのように決定的なのである。他者がわたし自身の志向的変様や変異にほかならなかったならば、わたしが経験しているのと同じものを、他者が経験しているという事実は――ヴィトゲンシュタインの例を用いて語れば――わたしが同じ新聞の〔他の〕多くの部に同じニュースを見出してしまったときとまったく同じように決定的だっただろう。

妥当と根拠づけは相互主観的に構成されている。認識と客観性の構成が問題であるならば、われわれは、個々人を超え出ており、他の主観の共働を要求する主題に関わっている。客観性は、構成的に、超越論的諸主観の多様性に関係づけられており、そしてこうした客観性の構成はそのつどある一定の規範性の枠組みの内部で行われる。それゆえ、主観性の現象学的分析は、実際にはまた自我（Ich）の研究であるだけではなく、われわれ（Wir）の研究でもある。それゆえ、フッサールはまたこうも書くことができる。超越論的主観が超越論的主観であるのは、相互主観性の枠組みの内部でだけであり、したがって、この相互主観性は、超越論的主観であるということが何を意味するのかを理解したいときには、共に含め入れられねばならない、と。

第五節　まとめ

以上のことから明らかになるように、現象学はわれわれに相互主観性の個別的理論を提供するのではない。現象学的伝統はむしろこの問題のさまざまな、部分的には矛盾する見解を包摂している。わたしの論述の流れに沿って、とりわけ四つの異なる見解が結晶化された。

- 面と向かっての具体的出会いに注意を向けることができるし、異他経験や感情移入と名づけることができる固有の還元不可能な意識の様相を設定することができる。そうして、その課題は、感情移入の精確な志向性構造を説明することにある。この取り組みは、類比論証の批判に忠実であり続けるかぎりで、すなわち、他者を理解することはある種の投影に基づくという意見に陥らないかぎりで、物体と意識の関係の従来の二分法的見解を盲目的に受け入れないかぎりで、非常に賞賛に値する。けれども強調されねばならないのは、この取り組みは相互主観性のたった一つの局面を記述することができるだけであり、事実また決定的な取り組みとして妥当しうるということについてはけっして確定的ではないということである。換言すれば、感情移入の理論が現実的に相互主観性理論の核心や基礎となりうるかどうかはまったく疑わしい。

•第二の立場は、なるほど感情移入の現実存在は承認するが、しかしこう主張する。他者に出会い、他者を経験することができるわれわれの能力を、単純に裸の事実として受け入れることは許されず、その能力は身体的自己に属するある種の異他性によって可能にされており、そのため自己性と異他性の間の、身体的に係留された連関のいっそう詳細な研究は不可避的である、と。相互主観性の可能性が自己の身体的構制に係留されるかぎりで、ここには、相互主観性を他者とのそのつどの具体的な出会いに単に還元することに対するある一定の嫌悪を感知することができる。こうした取り組みもまた非常に賞賛に値するが、しかし、決定的なのは、自己の異他性と他者の異他性の間の区別にこだわることであり、自己と他者の間の区別を共通の匿名性に根ざしている派生的な区別とみなす誘惑に抵抗していることである。

•なお一歩さらに進むことができるし、相互主観性を二つの個体の間の事実的なそのつどの出会いに還元できるという可能性をはっきりと否定することができる。そうしてそのような出会いは、むしろ主観自体の世界内存在にすでにアプリオリに根拠づけられているいっそう基礎的な種類の相互主観性によって条件づけられている。相互主観性のまったく新しい側面——あまりにも感情移入に集中しすぎている相互主観性理論がそれに対して盲目である諸局面——を顕わにすることによって、この取り組みもまた非常に前途有望である。その最大の弱みは、面と向かっての具体的出会いの重要性を軽く扱い、過小評価する傾向にある。というのは、そうしてその取り組みもまた他者の超越の構成的ないし超越論的意義を誤解しており、そしてそのような態度は今日もはや支持できないからである。

●まさにこうした不足を第四の取り組みは取り除こうとする――まったく適切に、根底的異他性との出会いが相互主観性の本質的・決定的契機であるということを強調する。けれども、予想されるように、この取り組みの問題は、他者の超越と接近不可能性を非常に際立たせるので、結局機能する共主観性の現実存在だけでなく、相互主観性のアプリオリな地位もまた否定してしまうことである。さらに、その取り組みは、通例――まさに他者の絶対的・根底的異他性を強調することに基づいて――他者との出会いが何らかの仕方で主観性自体によって準備されており、可能にされており、条件づけられているはずだろうということを否認する――そうして他者との出会いは神秘に変わる。

四つの異なる取り組みへのこうした区分は、もちろんある一定の理念化を意味する。けれども、こう主張することができる。大部分の現象学者は、他のすべての取り組みを犠牲にして主として引き合いに出したパースペクティヴの内の一つか二つに集中してきた、と。けれども、それ自体では、四つの取り組みの内のどれも十分ではない――さまざまな立場を体系的に一緒にして考えることが、どうしても必要である。けれども、そうすると不可避の問いはこうである。どの程度諸々の取り組みが、互いを排除するのか、あるいは、ひょっとするとむしろ双方向的に補完するのか、と。いずれにせよ、究極的には、相互主観性理論は、多次元的に設計されていなければならず、四つのすべての取り組みの考察を含み入れなければならない。

けれども、こうした多様性にもかかわらず、四つのすべての取り組みに多かれ少なかれ共通である、二、三の注目に値する典型的動向を発見することができる。終わりにここでこうした共通性の内のいくつかが予示されているだろう。

• 言語のもつ相互主観的性格を少しも否定しようとすることなしに、現象学者は、主に、知覚的志向性にであれ、工具の使用にであれ、感情や衝動にであれ、身体的自己経験にであれ、先言語的志向性の形式を顕わにしようと努力した。先言語的なもののもつ基礎的意義をこうして強調することが、たとえばハーバマスが仕上げた相互主観性理論に対する際立った区別をなしている。

• 現象学者は、けっして相互主観性を、単純に世界のなかにある、三人称パースペクティヴから記述することや分析することができる構造や関係と捉えはしなかった。まったく反対に、相互主観性は首尾一貫して諸々の主観の間の関係として把握されたし、それゆえ主に一人称パースペクティヴと二人称パースペクティヴから研究された。したがって、現象学者は、主観性と相互主観性をけっして統一できない二者択一と捉えはせず、むしろ両者を一緒に考える真剣な試みをする。フッサールもまた書いているように、相互主観的次元の導入は、主観哲学との断絶を意味するのではなく、反対に、むしろ何が本来的に主観性であるのかの、いっそう首尾一貫した、いっそう根底的な、いっそう適確な理解を意味するのである（Husserl 1973d: 16f.）。諸主観の（可能的）複数性が与えられているときにだけ、相互主観性について語ることに意味があり、そしてそれゆえ相互主観性は、個体性や個体の異種性に先行する、あるいは、その根底にあるとみなすことができる。主観性を余すところなく社会化の産物として理解することはできず、同時に有意味に相互主観性について語ることはできない――そして同様に、まさに何らかの形式の主観性思想の枠組みのなかで動くことなしに、有意味に相互主観性について語ることはできない(16)。

現象学の根本洞察は、相互主観性の解明が同時に主観と世界の関係の研究を要するということにある。換言すれば、相互主観性は、単純にすでに存立しており、十分に確立された存在論に組み入れることはできない。むしろ自己、世界、他者という三つの領域はまさに共属している――それらは互いを双方向的に照明し、それら相互の関係においてのみ理解することができる。したがって、何を出発点にするかには副次的な意味しかなく、不可避的に他の領域へと導かれることになる。世界に関係づけられる主観は、自己関係と世界関係との関係を他との関係で、したがって、相互主観性においてはじめて完全に手に入れることになる。相互主観性は存在し、世界に関係づけられた諸主観の双方向的な関係のなかでのみ展開する。メルロ＝ポンティは言うだろう。相互主観性のようなものがおよそいかにして可能であるかを理解したいならば、主観は世界内的に受肉した実存とみなされねばならず、世界は共通の経験領野とみなされねばならない(17)、と。

第九章　現象学と社会学

さて、どの程度まで現象学は社会科学に対して影響を及ぼすことができたのか。現象学はおよそ社会学的寄与をなしてきたのか、洞察を深め、理論的な資源を提供することができたのか。先の章が、すでにある答えを予示してきたはずであった。しかし、終わりに、問題提起がいまいちどはっきりと究明されるだろうし、その際現象学の社会学に対する関係が実例として引き合いに出されるだろう。

ハーバマスは、フッサールの理論（そしてそれに引き続いて全現象学）を断固とした独我論であると責めるとき、[18]言うまでもなく現象学の社会科学的重要性もまた疑問視する。けれども、示されてきたように、相互主観性はフッサール自身にとって並外れて重大な役割すら演じている。つまり、フッサールが、主観は共同体の一部としてのみ世界経験的であることができるにすぎず（Husserl 1973a: 166/2001: 248f.）、自我は仲間（socius）としてのみ、すなわち、ある特定の社会性をもつ構成員としてのみ、あるがままの自我である（Husserl 1973d: 193）と主張するとき、基礎的な思想はそれによってすでに予示されている。すなわち、経験する主観としてのその存在において、主観は相互主観性を必要としており、相互主観性に依存している（Husserl 1962b: 344）。したがって、たえず回帰する根本思想は、現象学的反省が十分に根底的に遂行される場合にわれわれを主観性に導くだけではなく、主観性と共にまた相互主観性にも注意させるというものである。こうしたことを背景に、フッサールはときおり自分自身の企てを社会学的超越論哲学と呼び（Husserl 1962b: 539）、こう言っている。超越論的現象学の展開は不可避的に主観に定位した現象学から超越論的社会学的現象学への一歩を要する、と[19]。

したがって、現象学は、はじめからその社会理論的重要性を終始意識していた。これまでの章でのいくつかの現象学的根本概念の呈示に引き続いて、哲学的現象学は、事実上、それどころかまったく一般的に、ある種の原型的社会学やメタ社会学とみなすことができる。主観を、身体的、社会的、文化的に埋め込まれた世界内存在として理解する、人間的実存という決定的なモデルによって、現象学は、社会科学の展開のための枠組みを提供する。あるいはいっそう簡潔に言えば、説得的な社会理論は、説得的な主観性理論を前提している——そしてまさにそれを現象学が提供しなければならない。しかし、現象学がその基礎的考察によって他の社会科学（文化人類学、経済学、法学、国家論など[20]）に対してと同じように社会学に対して重要な寄与をすることができるということを度外視しても（たとえば、心理学や精神医学の特別な現象学的伝統が存在するように）社会学の特別な現象学的針路もまた存在する。本書の主要意図は、それ自体当然社会科学の学問論にとって一般的な意義をもつだろう古典的哲学的現象学のいくつかの根本動向を呈示することにあったけれども、ここで終わりにとりわけ現象学的社会学の展開の主要段階が呈示されるだろう[21]。

その間にすでにこうした方向の典型的な鍵となる人物には、とくに『社会的世界の意味構成——理解社会学入門』（一九三二年）、『著作集Ⅰ-Ⅲ』（一九六二-六六年）、トーマス・ルックマンによって完成され、没後ようやく一九七三年に公にされた『生世界の構造』という著作をもつアルフレット・シュッツ、『現実の社会的構築——知識社会学論考』（一九六六年）という著作をもつピーター・バーガーとトーマス・ルックマンならびに『エスノメソドロジー研究』（一九六七年）という著作をもつハロルド・ガーフィンケルが属している。

アルフレット・シュッツ（一八九九-一九五九）はよく現象学的社会学の父と言われる。(22) シュッツは元々法学を学び、ウィーンで一九二一年に学位を授与されたが、それに対して銀行の職で満足しなければならなかったし、そのためフッサールはシュッツをよく、日中は銀行員で夜は哲学者である現象学者と呼んでいた。ようやく一九四三年に、アメリカ合衆国に亡命した後で、シュッツは、ニューヨークのニュー・スクール・フォー・ソーシャル・リサーチで講師職を得、そうして一九五二年にやっと正教授に任命された。

シュッツは元々マクス・ヴェーバーの「理解社会学」によって影響を受けていた。ヴェーバーは、有意味な行為を社会学の中心主題とみなし、そのつどの行為者が自分の行為に付与する意味を含み入れることのもつ意義をはっきりと強調したけれども、けっして社会的意味の構成を自分の研究の対象にはしなかった。まさにこうした欠陥をシュッツは、ヴェーバーの社会学をフッサールの現象学的方法論とつなぎ合わせることによって、取り除こうとする（Schütz [1932] 1991: 16, 21/2006: 30, 36）。シュッツにとって、生世界は社会学の出発点であるはずだった。なぜなら、社会学は、科学が数学化した現実を呈示するよりむしろ社会的関係と行為の枠組みと舞台を呈示するからである。したがって、日常的生の体系的研究は不可避的であり、そして、そのような研究はシュッツによれば新しい種類の社会学的理論を要求する。具体的には、シュッツの功績は、一方で、生世界の本質的構造の記述と分析にあり、他方で、主観性が社会的意味や社会的行為の構築や社会的状況や社会的世界の構築に参加する様式と仕方の解明にある。したがって、フッサールの志向性分析と生世界分析に関して、シュッツは、社会的世界は特定の意識作用と意識操作によって顕わにされ、顕現するということに注意を促そうとする。社会的世界の意味は諸々の主観によって構成され、したがって、社会的世界の学問的理解のためには、社会的世界に生きる社会的行為者のいっそう詳細な研究が不可欠である。それゆえとりわけシュッツはまた、社会学の対象範囲は、自然科学の対象領域よりもいっそう複雑であるという意見であり、こうした連関で、社会学は第二段階の構築を用いねばならないということについて語る。その対象の自己理解と自己解釈を共に含め入れる必要のない（それらはきわめてまれな場合にのみ一つであるにすぎない）自然科学とは違って、社会学は、多様な社会的関係に関与している人間を研究する。この行為者は、関心と動機をもち、自己理解も、自分が生きる世界の理解ももっている。こうしたすべての局面を社会学は顧慮しなければならない――その現出全体における社会的現実の理解が重要であるときに、こうしたすべての局面は全体として共に含め入れられねばならない（Schütz 1962: 6/2006, 1983: 52; Gurwitsch 1974: 129）。

シュッツにとって、相互主観性の研究――どのように主観が他の主観を経験するか、そして、どのようにわれわれが構成されるのか――が、社会学的理論では不可避的に中心的な役割を演じる（Schütz [1932] 1991: 137ff./2006: 155-8）。したがって、社会学の課題は、どのようにして経験の多様が、全体として社会的現実を形成する意味連関を構成することができるのかを解説することにある。シュッツはこう思っている。社会的意味についての学問はどれも、社会的世界におけるわれわれの意味創設する生、他の人間の日常の経験、与えられた意味の理解、意味創設するふるまいの行使を遡示する、と（Schütz [1932] 1991: 18/2006: 32f.）。

したがって、現象学的社会学者は、社会的現実を、社会的行為者が体験し、経験し、形態化するとおりに研究する。シュッツによれば、生世界の経験は類型化の過程なのである。われわれは、世界とわれわれの隣人の正しい理解のためにも異なった状況との交渉のためにも格律、規則、指示のレパートリーを用いる。その際、理論的合理性が問題ではなく、ある種のノウハウが問題なのである。典型的な意見と指示のこうした蓄積は、大部分社会的に承認されており、こうした蓄積が「ひと」がある特定の状況で何をしなければならないかを規定し、われわれに社会的現実を予期することができる感情を与えるので、社会的現実を信用することでき、理解することができ、他者は社会的現実を同様に経験するのである。したがって、われわれの経験は、標準性の期待によって導かれている――われわれは、以前の経験が意識生に堆積してきた標準的・典型的構造、モデル、模範と一致して経験し、理解し、把握する（Schütz 1962: 7ff./1983: 53-7）。われわれが経験することが、以前に経験してきたことと一致しないならば――まったく単純に異なるならば――それはそれで標準性の期待の変様や特殊化に至ることがある非標準性の経験をする。相互主観性がここで決定的な役割を演じていることが自ずと理解される。標準性はまさに、その本質上個人を超え出る慣習性でもある。わたしが想起することができるかぎりで、わたしは実際他者と共にあったし、わたしの理解は、わたしが成長する際に言語の獲得と共に我がものとしてきた相互主観的に伝承されてきた理解形式と一致して構造化されている（Schütz 1962: 13f./1983: 61f.）。シュッツはこう書いている。

> わたしが手紙をポストに投函するならば、わたしはこう期待する。郵便局員と呼ばれる、わたしにとって見知らぬ人が、類型的にであるが、わたしには完全には理解できない仕方で、わたしの手紙を類型的に割り当てられた時間に差出人に届くために扱うことになる、と。――そのつどフランス人やドイツ人に出くわすことなしに「なぜフランスはドイツの再軍備を恐れるのか」をわたしは理解する。もし、わたしが英語の文法規則に従うならば、わたしを理解してもらうために、わたしはその人に従ってわたしのふるまいを整えなければならない、同時代の英語を話す隣人という社会的に認められたふるまいの範例に従う――そして最後に、あらゆる使用対象と器具は、他の匿名の隣人がそれを用いるために、類型的目標を類型的手段によって達成するために対象を産出した匿名の隣人を指示する（Alfred Schütz 1962: 17/1983: 66; vgl. auch Schütz [1932] 1991: 258/2006: 277f.参照）。

フッサールはすでに『イデーンⅡ』で、他の人格から出発する具体的な期待、願望、要求と並んで、人倫、風習、伝統という未規定的な要求が存在するということを指示している。「ひと」はそう判断し、「ひと」はフォークをあれこれという仕方で握るなど（Husserl 1952: 269/2009: 114）。何が標準的であるかをわたしは他者（とりわけわたしの隣人、すなわち、わたしを教育し、共に成長し共に生活する者から）学び、したがって、わたしは無数の世代の連鎖を超えて遠い過去にまで及んでいる共通の歴史の一部なのである。

第二次世界大戦直前のシュッツのアメリカ合衆国への移住とともに現象学的社会学でのアメリカの研究者との交遊範囲が作られ、そして合衆国でも現象学的社会学の二つの方向がこの世に生まれた。すなわち、知識社会学とエスノメソドロジーである。

ピーター・L・バーガーとトーマス・ルックマンの『現実の社会的構成――知識社会学論考』は、シュッツの現象学的パースペクティヴとミードのシンボリック相互作用論の結合の試みとみなすことができる。(23) バーガーとルックマンは、同一性、社会化、社会的役割、言語、標準性、非標準性などのような中心的社会学的概念に対するシュッツの理論的パースペクティヴを実り豊かにすることを計画していた。バーガーとルックマンによれば知識社会学の課題は、いろいろな知の形式、学問的知識の形式や日常的知の形式の形成と維持のための共同体の前提の分析にある（Berger und Luckmann 1966: 15/2003: 20f.）。手短に言えば、知識社会学の関心は、知の産出、普及、内化への問いにある。したがって、知識社会学は、何らかの種類の知（チベットの僧侶の知であれ、アメリカの実業家の知であれ、犯罪者や犯罪学者の知であれ）がいかにして社会的に確立された「現実」となることができるのかを研究したいのである（Berger und Luckmann 1966: 3/2003: 4）。けれども、かれらはこうも書いている。

「現実」ないし実在の理論的定義――哲学的、自然科学的、実際、神話的定義でさえ――、社会的なあらゆるひとにとって「現実的」であるものを汲み尽くさない。あらゆるひとにとってそうであるので、知識社会学は何よりもまず「あらゆるひと」が日常的な、非理論的あるいは先理論的生において何を「知っている」かを問わねばならない。「理念」ではなく、月並みな知に、知識社会学の主要関心はふさわしい。というのは、この「知」はまさに、それなしでは人間的共同体が存在しなかっただろう意義構造と意味構造をなしているからである（Berger und Luckmann 1966: 15/2003: 21）。

したがって、知識社会学的計画は、客観主義的・実証主義的共同体理論への挑戦であり、社会的現実を客観的数値とみなそうとするあらゆる取り組みを取り除く。共同体の秩序は、バーガーとルックマンが倦むことなく強調し続けるように、人間の行いの所産である。共同体の秩序は生物学的に限定されても、それ以外の何らかの仕方で与えられた自然の条件に基づいて押しつけられてもいない。共同体の秩序は「事物の自然」の部分ではなく、自然法則から導出することもできず、ただただ人間の行いの所産としてだけ現実存在できるにすぎない。人間の活動によって産出され、保持されるかぎりでのみ、その発生との関連でもあらゆる瞬間におけるその現前との関連でも共同体の秩序は存在するにすぎない（Berger und Luckmann 1966: 52/2003: 84）。そうして、理論的挑戦は、どのように人間的共同体が双方向的な相互作用において、さしあたり共通の相互主観的現実として存立し、それに基づいて客観的数値として外化される社会的構造と制度とを生み出し形態化することができるのかを解明することにある。それは、アルフレット・シュッツもすでに考えたように、バーガーとルックマンによれば主として制度化された類型化を通して生じる（Berger und Luckmann 1966: 72/2003: 116f.）。制度化を通して、人間の活動は社会的統制を被る。こうしたことを背景に、確立された社会的構造は標準性を規定し、共通の共同体の秩序を維持し、逸脱から守る賞罰の機構が整えられる。そうして時間と共に制度は不可避性と客観性とを手に入れる。

　繰り返しはっきりさせておかなければならないのは、制度的世界の対象性は、どれほど密に個人にとって呈示されようとも、人間によってなされ、構築された客観性である。……制度的世界は対象化された人間的活動であり、そしてあらゆる個別的制度も同様にそうである。……人間は、人間の所産とは別様に体験する世界を産出することができるというパラドクスにわれわれはなお関わり合うことになる。目下強調すべきなのは、生起させる者としての人間とそれが生起させたものとしての共同体的現実の間の関係は弁証法的であり、そうあり続けるということである。そのことは次のことを意味する。人間――たしかに孤立させられないが、その集合形象のただなかにある――と人間の共同体的世界は互いに相互作用している、と（Berger und Luckmann 1966: 60f./2003: 94）。

エスノメソドロジーは、一九六〇年代の初めにアメリカの社会学者ハロルド・ガーフィンケルによって発表された。ガーフィンケルは、フッサールだけではなく、ハイデガーやメルロ＝ポンティからも影響を受けていたが、しかし主にグールヴィッチとシュッツから影響を受けている。エスノメソドロジーの課題は、手短に言えば、どのようにして社会的行為者がその社会的世界を有意味に構造化するのか、したがって、社会的行為者にとって、自分がそのなかにいる状況がどのように有意味に現出することがあるのかをさらに研究することであるというものである。それゆえ、エスノメソドロジーは、参加者のパースペクティヴから物事を見ようと努力し、どのようにしてその生の形式をその相互作用の成果として把握することができるのかを理解しようと努力する。したがって、エスノメソドロジーは、どうしてそのつどの生の形式が真であったり偽であったりするのかではなく、むしろどのように行為者がその捉え方を獲得してきたのかに関心がある。エスノメソドロジーは、社会的グループ化の実践の際に、そのつどの社会的グループ化の成員が日常的共同体構造を引き起こすいろいろな仕方に決着をつけようとする。その目標は、こうしたそのつどの実践とその機能の記述である（Garfinkel 1967: VIIf.）。したがって、共同体の構造（ロールモデル、制度、文化的意味体系と価値体系）は、現実存在に先行して存在する決定要因よりはむしろ共同体的相互作用の所産とみなされる。そのことからまた明らかになるのは、社会的現実は壊れやすい構築――ただそのつど活発に参加者によって保持されるにすぎない構造――を形成しているということである。フッサールが折に触れて書いていたように、強固な世界は存在せず、世界はわれわれにただ標準性ないし非標準性という形態で与えられているにすぎない――世界の存在は、固定性という見かけをもつにすぎない。実際、いつでも崩壊することがある標準性の構築だけが問題なのである（Husserl 1973d: 212, 214, 381）。

ガーフィンケルによれば、われわれは皆たえず、我が家のように感じることができる馴染んだ世界を構築することに従事している。すでに言及したように、このことは類型化プロセスを通して生じる。われわれは社会的現実を成し遂げるためにいろいろなルーティンや格律を用いる。こうしたルーティンは内面化され、堆積し、したがって、視角から消えてしまう。したがって、われわれの社会的意味の産出の条件や前提はわれわれ自身にとって到達できなくなる。けれども、エスノメソドロジーは、共同体の秩序を確立するために適用されるいろいろな種類の実践を顕わにするために独自のテクニックを発展させてきた（Garfinkel 1967: 37ff./1995: 36f.）。こうしたテクニックのうちの一つは、われわれの通例の背景の想定を徐々にむしばみ、それで目に見えるようにする状況を引き起こすことを目標にする。その実験において、ガーフィンケルは、家で客のようにふるまい、その際に家族の反応を観察し、その後で確認することを自分の学生に頼んだ（Garfinkel 1967: 45ff./1995: 42-7）。反応は、驚きや困惑から憤慨や激怒に渡り、ガーフィンケルによれば、共同体の秩序――われわれ自身がそれを引き起こすことになるほど参与しているが、にもかかわらず所与のものとみなしている秩序――がどれほど壊れやすいかを直観的にわかるようにした。他の実験では、ガーフィンケルは、自分の学生に同じ異化原理をまったく普通の会話に適用するように頼んだ。これがその例である。

S：やあ、レイ、君の彼女の調子はどうだい。
E：「彼女の調子はどうか」ということでいったい何を考えているんだい。肉体的なことかい、それとも精神的なことかい。
S：いや、彼女の調子がどうかで考えていることだって。いったいどうしたんだい。
（かれはいらだった印象を与えた）
E：何もないさ。でもそもそも何を考えているのかもうちょっと詳しく説明してくれないのかい。
S：ああ、忘れてくれ。医学研究の申し込みはどうなった。
E：「それどうなった」ということで何を考えているんだい。
S：いや、何を考えているかなんてことはもうわかっているじゃないか。
E：いいや、全然わからないよ。
S：なんてこった、いったいどうしたんだい。どこかおかしいのかい。
（Garfinkel 1967: 42f./1995: 42f.）

ガーフィンケルは、こうした関連で繰り返し指標性の意義を指示している。指標性は、われわれが自分の行状に帰属させる意味が高い割合で脈絡に依存しているという周囲状況を示唆する。いっそう一般的には、指標性は、あらゆる状況、あらゆる活動、あらゆる現象の理解は脈絡依存的であるということ、この脈絡依存性もまた理念化されたり標準化されたりする概念によって克服することも破棄することもできず、むしろ人間の理解の根本動向として認容されねばならないことを意味する。われわれの理解はけっして完全に透明にすることはできず、つねに背景の想定という地平を前提とする。

エスノメソドロジーの具体的な分析のなかで、たとえば、裁判所、病院、警察署についてのいろいろな制度のいくつかの研究を際立たせることができる。目標はここでは、どのようにしてこうした制度に所属する人格が公的な課題を実行し、そうしてこうした制度の維持と適法化に貢献するのかを研究することであった。例として、精神科医による患者の判定、陪審員による罪の有無の問題の検討、法医学者による死因の規定を挙げることができる。したがって、エスノメソドロジーは、根底にある規則の働きと、観察された実践にとって主導的であったアド・ホックなやり方を再構築しようとし、通例、参加者の行為を指揮し、方向づける潜在的な理解を強調する。

エスノメソドロジーは、社会的現実を性別、強制、階級対立などのような多くのあらかじめ与えられたカテゴリーを手がかりに分析しようとする社会学を繰り返し批判してきた。主張されたのは、そうした取り組みは現実を研究する代わりに理論化するということである。社会学は、十分に分節化された世界の秩序が存在することを自明なものとして前提しているが、エスノメソドロジーは、まさにこうした前提の背後を問おうとする。社会的世界に暴力を加え、社会的世界に思弁的概念を押しつける代わりに、むしろどのように大衆自身が自分の社会的現実を体験しているかを研究すべきだろう。したがって、エスノメソドロジーにとって社会学の主要課題は、どのように社会的行為者自身が、そのなかで生きている現実の秩序を記述し説明するという課題をやり遂げるのかを理解することにある。

終わりに現象学的社会学のいくつかの一般的根本動向を枚挙したいならば、第一に、現象学的社会学が原則的に、社会性と社会的現実の研究は不可避的に主観性を含め入れなければならないと強く主張してきたことを挙げねばならないだろう。人間的主観性は、もっぱら社会的要因や力のみによって刻印されたり、決定されたりしておらず、他者との相互作用において、それ自身現実の形態化に参与してきた。現象学的社会学者は通例社会的な関係の物象化を警告し、実証主義的研究の方法論の従来の優先への矯正を要求してきた。共同体的現実——制度、組織、民族集団、階級などを含めて——は、人間の活動と人間の行為の所産とみなされ、したがって、課題はそもそもどのようにこうした構築過程が起こるのかを理解することにあるのである。

註

（1）分野特有の概念の議論については以下を見よ。Pietersma 1999 und Zahavi 2003.

（2）巻末の文献表は、挙げられた著者の著作についてのいっそう厳密な指示を与える。

（3）けれども言及されているのは、ハイデガーがフッサール自身の現象学的還元の理解とはっきりと距離をとっているということである。なるほど、ハイデガーの批判が本来的にどれほどしっかりしたものであるかは疑わしい。ハイデガーのエポケーと還元への関わりについてのいっそう詳細な究明については以下を見よ。Heidegger 1979: 136/1988: 121f. Tugendhat 1970: 262ff., Caputo 1992. そしてとくに以下を見よ。Courtine 1990: 207ff.

（4）けれども、言及されているのは、すべての現象学者が、現象学の実証科学に対する関係の同じ捉え方を共有しているわけではないということである。

（5）メルロ＝ポンティのフッサールとの関わりについてのいっそう詳しい究明については以下を見よ。Zahavi 2002a.

（6）ハイデガーは一般にかれの理論を従来の主観中心化された意識哲学や形而上学との根本的対決として呈示しているけれども、『存在と時間』のなかで現存在にかなり決定的な役割を割り当てていることを疑うことはできない。現存在分析が著作の主要部をなしているかぎりで、建築術的にのみならず、体系的にも、それはとりわけ、現存在なしには存在も真理も世界もないとハイデガーが書いている箇所から際立つ（Heidegger 1986: 212, 226, 365/2013: 315, 336f., 544f.）。なるほど、場合によっては、かれの主張は、こうした脈絡では主観哲学的含意をもっていなかったと異論を唱えることができるだろう。なぜなら、ハイデガーの現存在という概念は、慣用の主観概念と混同することを許さないだろうからである。とりわけ「慣用の」を強調し、「主観」を、世界に先行し、世界から独立している自己透明な没世界的実体と理解する場合には、それは、それ自体たぶん真であるだろう。なるほど、それは、ハイデガーが、もし現存在が自我あるいは主観として把握されるならば、現存在は完全に誤解されていると思うならば、放棄するような理解である（Heidgger 1986: 46, 322f.; 1978a: 368/2013: 65, 481f.; 1985: 463）。それにもかかわらず、多くの人が、ハイデガーの現存在という概念は主観性あるいは自己の現象学的に反省された概念として理解することができるということに賛成している。ハイデガー自身もまた『存在と時間』でも『現象学の根本問題』でも『カントと形而上学の問題』でも強く勧めた一つの解釈。そこでかれはその存在において主観を分析することを要求し、有限な主観の主観性の現象学的研究が必要であると述べている。ハイデガーはこう主張する。現存在のかれ独自の主題化は、主観の主観性の存在論的分析に対応しており、主観性の存在論的理解はわれわれを実存する現存在に向かわせる、と（Heidegger 1986: 24, 366, 383; 1989: 207, 220; 1991: 87, 219/2013: 34, 546, 569; 2001: 211f., 224f.; 2003: 94, 213）。『存在と時間』での主観性の意義の入念な立証については以下を見よ。Overenget 1998, Overgaard 2004.

（7）Vgl. z. B. Tugendhat 1970: 262.

（8）目下の論述は、だいたいにおいて、『存在と時間』に現れるような、初期ハイデガーの立場に制限されている。けれども、ハイデガーによる、精神科医メルダルト・ボスとの共同作業によって一九五九－一九六九年に開催されたセミナーの報告の他に、ハイデガーとボスの間の対話の口述筆記ならびに両者の往復書簡からの抜粋を含む『ツォリコーン・ゼミナール』にいくつかのきわめて注目に値する研究報告がある。一九七二年三月三日の意見交換で、ボスはハイデガーを『存在と時間』は身体について六行しか含んでいないということについてのサルトルの憤慨と対決させる。それに対してハイデガーはこう答えた。「サルトルの非難に、わたしは、身体的なものは最も困難なものであり、当時まさになおそれ以上言うことを知らなかったという確認によって応対することしかできない」（Heidegger 1994: 292/1991: 320）。

（9）Vgl. Merleau-Ponty 1964: 284/1989: 343.

（10）ハイデガーとの区別はここで注目に値する。つまり、ハイデガーは首尾一貫して現存在の空間性を脱自的に解釈する。現存在は、第一に「ここ」にはなく、「そこ」にいる。世界内部的存在者を配慮する際に、現存在は、使用対象、道具の許にあり、使用対象の「そこ」が原初的なものをなしている——原初的なものを通してはじめて現存在は自分自身の「ここ」を理解する（Heidegger 1986: 107/2013: 159）。しかし、これは現実的に説得的なのか。何かが現実に身体的「ここ」「そこ」や「左」や「近く」との関係とは別様に現出することがあるのか。

（11）Vgl. Zahavi 1996.

（12）デリダは、ある論文で、ハイデガーは——他の現象学者とは異なり——セクシャリティに関して異様なまでに沈黙しているということに注意を促している。ハイデガーは中性名詞「現存在（das Dasein）」を根本概念に選んでおり、そして、かれ自身が際立たせるように、現存在のこうした中立性は、また性別のなさを意味する（Heidegger 1978b: 172/2002: 186）。デリダはこう推測している。こうした歩みは、一方では、ハイデガー自身の存在論的分析と、他方では、経験的人間学や生物学の間の区別を強調するというハイデガーの願望と連関している、と（Derrida 1983: 572; vgl. Sartre 1943: 423f./2007: 415-8参照）。換言すれば、ハイデガーは性的差異を断固として実存論的存在論的構造の本質的局面とみなさない。けれども、驚くべきことには——フッサールに対するハイデガーのそれ以外の批判を考慮して——ハイデガーはこう付け加える。こうした中立的現存在を事実的に実存する現存在と混同することは許されないだろう、と。事実的現存在は身体的であり、それゆえにまた性的でもある（Heidegger 1978b: 172f./2002: 187）。こう想定するのはもっともである。セクシャリティについてのハイデガーの沈黙は、かれの欠陥のある身体の論述の帰結である、と。

（13）現象学的相互主観性理論に対するハーバマスの取り組みについての詳細な批判については以下を見よ。Zahavi 1996, 2002c. Schmid 2000.

（14）古典的であるけれどもいくらか相違する定式化はミルの場合に見いだされる。Mill 1867: 237f.

（15）ちなみに、感情移入と同感（Sympathie）を混同されることは許されない。感情移入（あるいは異他経験）はわれわれの他者の体験の経験を表す名称である。同感は、その語がすでに予示しているように、ただ同情（Mitgefühl）が問題であることとほぼ同じことを内容としている。

（16）わたしはすでにルーマンとハーバマスの批判に手短に言及した。いっそう詳細に考察する場合、そもそもかれらの主観性哲学との関係がどれほど両義的であるかはまったく驚くべきほどである。かれらは互いに双方向的に主観哲学のパラダイムに囚われていると責め合ってきたことは少し逆説的に影響する。ルーマンは、相互主観性の問題を主観哲学的問題と見なし、それゆえ、実際詳細にこの問題に対決してきたハーバマスを主観性の思想家であると責めてきた（Luhmann 1986: 41f.）。ハーバマスはハーバマスでルーマンのシステム理論に、孤独で孤立した主観を出発点としているとけちをつけてきた（Habermas 1981: 196/1987: 32; 1982: 411）。けれども究極的には、ルーマンもハーバマスも、主観哲学の伝統の本来的な拒絶や克服よりもむしろ主観哲学的伝統の「改革」や「刷新」に関心がないのかどうかという問いが立てられる。こうした疑念は、どれほど多くの伝統の要素がかれらの理論に見出すことができるかに気づくとき証明される。ルーマンはシステム理論と超越論的現象学の親近性さえ強調してきたし（Luhmann 1991: 153/1993: 164）、ハーバマスは、生世界という現象学的概念が『コミュニケーション的行為の理論』で決定的な役割を演じているのと同じように、言語遂行論が主観哲学的次元を保持しているということをまったくはっきりと認めている（Habermas 1988: 330）。ハーバマスは現象学に対する論争で、相互主観性は言語的規則体系と共に与えられており、主観の自己関係は、言語的相互主観性の構造によってはじめて可能になるということを概して強調してきたけれども、たとえば、チャールズ・テイラーの場合にそう言えるように、われわれ（Wir）に自我（Ich）に対する優位性を帰属させるべきであるということをけっして承認しはしなかった（Habermas 1986: 330）。相互主観性は、ハーバマスにとって諸主観からなる共同体であり、ハーバマスは、コミュニケーション的に達成される合意は参加した諸主観の自律と異種性とを前提しているということを引き合いに出している（Habermas 1982: 350, 403, 415）。しかし、現実にそうした立場を支持し、同時に自分の立場を主観哲学的パラダイムの根底的克服と称することができるだろうか。

（17）現象学的相互主観性理論とのいっそう詳細な対決については以下を見よ。Zahavi 1996, 1999, 2000, 2002d.

（18）『ポスト形而上学的思考』でハーバマスはこう書いている。対応する批判はサルトルとハイデガーにも該当するだろう、と（Habermas 1988: 49f./1990: 59f.; vgl. Habermas 1991: 178/1999: 261f.参照）。

（19）フッサールの一九二二年にロンドンで開かれた講義からのこの定式化は以下で再現されている（Schuhmann 1988: 56）。

（20）論文集『現象学と社会科学』Ⅰ-Ⅱにナタンソンは、多くの異なる社会科学にとっての現象学の意義を判明にするいくつかの論文を集成した。

（21）批判的論述に関しては、以下を見よ。Habermas 1982: 207ff.

（22）導入的論述をバーバーが与えている（Barber 2002）。

（23）バーガーとルックマンの本によれば、後の社会構成論も挙げることができる。けれども、ごくわずかな社会構成論者だけしか自らを現象学者と考えておらず、かれらはかれらで多くの社会構成論者が支持する相対主義を共有していない。

エトムント・フッサール（Edmund Husserl, 1859-1938）

フッサールは一八五九年四月八日メーレン州プロスニッツ――当時オーストリア帝国の一部――でユダヤ人家庭の息子として生まれた。一八七六年から一八八二年までかれは、物理学、数学、天文学、哲学をまずライプツィッヒで、次いでベルリン、最後には、ウィーンで学んだ。ウィーンでは、一八八二年の終わりに数学の論文で博士号を取得し、その後数年心理学者で哲学者であるフランツ・ブレンターノの講義に出席した。一八八六年、フッサールはプロテスタントに改宗し、その翌年ハレ大学に教授資格論文を提出することができた。ハレ大学ではその後一四年私講師として働いた。かれの取り組みはこの当時いくつもの認識論的-学問論的基礎づけ問題に向けられており、一九〇〇-一九〇一年に出版された最初の主著『論理学研究』に表れた。この著作は、かれにゲッティンゲン大学への招聘をもたらした。ゲッティンゲン大学でかれは一九〇一-一六年、まず員外教授として、そうして一九〇六年以降正教授として教鞭を執った。かれのいわゆる超越論的転回を示す次の主著は『純粋現象学と現象学的哲学のための諸構想《イデーン》　第一巻』(第二巻と第三巻は死後になってようやく編集された)という表題のもとで一九一三年に出版された。

一九一六年フッサールは、フライブルクへの招聘に応じた。フライブルクでは、新カント主義者ハインリッヒ・リッカートの哲学の講座を受け継いだ。この時期、エディット・シュタインとマルティン・ハイデガーがかれの助手であり、かれらの編集作業のおかげで一九二八年に、フッサールの最も有名な講義の一つであるいわゆる『内的時間意識についての講義』を出版することができた。フッサールが同じ年に退官したとき、フッサールの講座を受け継いだのもまたハイデガーであった。その後『形式論理学と超越論的論理学』(一九二九年)と『デカルト的省察』(一九三一年)という二つの著作が出版された。

人生の最後の五年で、フッサールは、ナチの権力継承と反ユダヤ的人種法の犠牲者となるということを体験しなければならなかった。一九三三年にかれは大学教授のリストから抹消され——とりわけハイデガーの協力のために——大学図書館の貸し出し禁止を受けた(ハイデガーは、ユダヤ人教授の図書館への立ち入りを禁止するべきであるという申請書に連署したはずである)。フッサールはこの時期ドイツの大学の境遇のなかできわめて孤立していたが、しかし一九三五年(すなわち、七六歳で)ウィーンとプラハでの講義への招待を受け、そしてこの講演が、その最初の部分が一九三六年にユーゴスラヴィアの雑誌に公刊された、かれの最後の主著『ヨーロッパ諸学の危機と超越論的現象学』の土台となった。

一九三八年四月二七日のフッサールの死後すぐに、若きフランシスコ会士ヘルマン・レオ・ヴァン・ブレダが、フッサールの研究草稿をドイツから密かに運び出し、ベルギーの修道院のなかの安全な場所に移すことに成功した。すでに第二次世界大戦の始まる前にフッサール文庫がルーヴァンの哲学研究所に設立された。そこにはフッサールのオリジナルの草稿が今日まであり、そして同時にそこでフッサールの文書のテクスト批判版、フッサール全集が着手されたのである。

マルティン・ハイデガー（Martin Heidegger, 1889-1976）

ハイデガーは一八八九年九月二六日にシュヴァルツヴァルトの小都市メスキルヒに生まれた。かれはもともと聖職者になるための準備をし、一九〇九年にアビトゥーアの後、修練士としてイエズス会に入ったが、数週間後にはもう精神的専門教育をふたたびあきらめねばならなかった――本人の言では、健康上の理由から。

すでに一九〇七年にハイデガーの哲学的関心は『アリストテレスによる存在者の多様な意義について』というブレンターノの研究を読むことを通して呼び覚まされていた。イエズス会の許での短い滞在の後で、ハイデガーはカトリック神学と中世の哲学の研究をフライブルクで始めた。一九一一年かれは神学研究を放棄し、それ以来主に哲学に専心した。かれは、一九一三年に『心理主義における判断についての学説』によって博士号を取得し、二年後にはもう『ドンス・スコトゥスの範疇論と意義論』――その講座を一年後にフッサールが受け継いだ、ハインリッヒ・リッカートの許で申請した研究――という著作によって教授資格を取得した。フライブルクへのフッサールの異動のすぐ後で、ハイデガーはかれに従い、一九一八―二三年には助手として働いた。一九一九年にハイデガーは「カトリックの体系」と断絶した。アリストテレス、パウロ、ディルタイ、ナトルプ、フッサールのようなさまざまな思想家と対決する一九一九―二三年のハイデガーのフライブルク講義は、一般的な注意を引きつけ、一九二三年にハイデガーはマールブルク大学の員外教授として招聘された。

一九二七年に主著『存在と時間』が出版され、そして一九二八年にハイデガーはフライブルクでフッサールの講座を引き継いだ。次の年、ハイデガーは有名な就任講義『形而上学とは何か』を行う。〔ナチの〕権力掌握の後で、ハイデガーは一九三三年にフライブルク大学の総長に選出され、その後ナチ党に入党する――悪名高い総長演説はこの機会の結果生じたのである。いくつかのもめ事のために、ハイデガーは一九三四年にはもう総長を辞し、次第に（大学）政治から身を引いた。一九四四年までハイデガーは正規に講義を行った。その際、かれはニーチェに特別な関心を寄せた。けれども、戦後フランスの占領軍が、ナチの過去のためにハイデガーに講義禁止を課し、そして一九四六年ハイデガーは教授職も失った。

ハイデガーは、今度はフランスの知識人との接触を求めた。サルトルからの書簡はなるほどけっして返事は書かれなかったが、しかし一九四六年の終わりにハイデガーは有名な『ヒューマニズムについての書簡』をジャン・ボーフレ宛に送り、それによってフランスとの長年にわたる結びつきに命を吹き込んだ。一九四九年に講義禁止は放棄され、フライブルク大学は、ハイデガーに名誉教授の地位を授与することを決定した。一九四九年以後死の直前までハイデガーは、広範な講演活動を展開した。そこから『転回』（一九四九年）、『技術への問い』（一九四九年）、『形而上学の存在神論的構制』（一九五七年）のような非常に有意義な著作が現れた。一九七五年には、百巻以上をうかがうハイデガー全集の出版が着手された。

ジャン＝ポール・サルトル（Jean Paul Sartre, 1905-1980）

サルトルは一九〇五年六月二一日にパリで生まれた。かれは高等師範学校で哲学を学び、一九二九年に「アグレガシオン」を得た。この研究時代の間に、かれは指導的なフランスの知識人の世代全体、そのなかでシモーヌ・ド・ボヴォワール、レイモン・アロン、モーリス・メルロ＝ポンティ、シモーヌ・ヴェイユ、エマニュエル・ムーニエ、ジャン・イポリット、クロード・レヴィ＝ストロースと関わり合いをもった。とりわけ、かれのシモーヌ・ド・ボヴォワールとの関係は、ほとんど伝説的な地位を獲得した。一九三一年から一九四五年の間、サルトルはル・アーヴル、ラン、パリにある高等中学校で授業をした。一九三〇年代の初めに、アロンとレヴィナスを通してフッサールとハイデガーの現象学を知ることになり、そして一九三三－三四年には、主にフッサール研究のために、ベルリンに研究滞在した。

この研究の成果として、サルトルは一九三〇年代後半にさまざまな意識様相について四冊の本を公表した。意識の構造についての一冊の本（『自我の超越』一九三六年）、空想と想像力についての二冊の本（『想像力』一九三六年、『想像力の問題』一九四〇年）、感情の本質様式についての一冊の本（『情動論粗描』一九三九年）である。こうした著作は、サルトルによるフッサールの『論理学研究』と『イデーン』の研究によって判明に刻印されている。戦争勃発の際に、サルトルは、軍隊に招集され、一九四〇年にドイツの戦争捕虜となった。その間にかれはハイデガーの集中的読解に専心し、次の著作にも着手した。一九四一年の解放後、サルトルはメルロ＝ポンティと共に（あまり成功しなかった）抵抗集団で活動し、一九四三年に、ハイデガーの『存在と時間』と『形而上学とは何か』についての研究によって判明に刻印されている、主著『存在と無』を出版することができた。一九四五年にサルトルは、かれ自身が（最初はメルロ＝ポンティと一緒に）編集した雑誌『現代《レ・タン・モデルヌ》』を設立した。

戦後、サルトルは、作家や編集者としての仕事に完全に専心するために、教職活動をやめる決断した。したがって、サルトルは、大学に職をもたない、二〇世紀のきわめてまれな哲学者の内の一人であった。けれども、戦後ただ大衆娯楽小説の執筆者や哲学的文学者としての活動だけではなく、政治的アンガジュマンもまた増大した。マルクス主義に対する共感とソヴィエト連邦に対する熱狂が強まった。けれどもサルトルはけっして共産主義的政党に入党しなかった。もっとも、ソヴィエト連邦に対する共感は一九五六年のハンガリー侵攻までほとんど減じることなく持続したけれども。一九六〇年にサルトルは、政治的・社会的アンガジュマンの判明な痕跡を帯びている、第二の哲学的主著『弁証法的理性批判』を公刊した。一九六四年にサルトルはノーベル文学賞を獲得したが、原理的な理由から賞を受け取ることを拒んだ。サルトルはかれの死まで政治的に活発であった。かれはアルジェリアでのフランスの戦争に対する抵抗に力を尽くし、とりわけバートランド・ラッセルと共にヴェトナム戦争に対する抵抗に参加し、活発に一九六八年の学生蜂起を援助した。かれが一九八〇年の四月に亡くなったとき、およそ五万人の弔問者が葬儀に参加した――サルトルの人気の証である。

モーリス・メルロ=ポンティ（Maurice Merleau-Ponty, 1908-1961）

メルロ=ポンティは、一九〇八年三月一三日にロシュフォール・シュル・メールに生まれた。サルトルのように、かれもまた哲学を高等師範学校で学び、一九三〇年に「アグレガシオン」を得た。はじめは、かれの関心が向かったのはとりわけベルクソンとメーヌ・ド・ビランだった。戦前期にかれはまず州（ボヴェとシャルトル）の高等中学校で教え、その後パリの高等師範学校で教えた。

一九三〇年代のうちに、メルロ=ポンティの現象学への関心は大きくなり、一九三九年にはもう最初の外国人として新設されたルーヴァンのフッサール文庫を訪れている。そこで、かれはとりわけ一九五二年にようやくフッサール全集で公刊された『イデーンⅡ』でのフッサールの身体分析に習熟した。続く時期、メルロ=ポンティは何度かフッサールの草稿のコピーによってパリに研究センターを設立しようと努力した。戦中、メルロ=ポンティは、一九三九-四〇年にフランス軍少尉として尽力した。フランスの降伏後、かれはパリに戻ったが、またサルトルと共に抵抗運動に参加した。一九四二年に最初の著作『行動の構造』が出版され、そして一九四五年に、とりわけサルトルの『存在と無』の批判を含む最初の主著『知覚の現象学』が出版された。いまやメルロ＝ポンティのアカデミック・キャリアが走り出した。まずかれはリヨン大学の哲学の教授となり、ついで一九四九年にパリのソルボンヌの発達心理学と教育学のための講座を受け継いだ。三年後、かれは、コレージュ・ド・フランスでの哲学のための講座に招聘された。コレージュ・ド・フランスでかれは一九六一年の早すぎる死まで講義をした。一九四五年から一九五二年に、かれはさらにはサルトルの雑誌『現代《レ・タン・モデルヌ》』の共編者であった。

戦後、メルロ＝ポンティはサルトルのように具体的な政治的問いに従事し、政治的論文を収録したいくつかの著作、『ヒューマニズムとテロル』（一九四七年）、『意味と無意味』（一九四八年）、『弁証法の冒険』（一九五五年）を公刊した。けれども、すでに一九五〇年の初めにはサルトルとメルロ＝ポンティは、政治的な争いのために離別し、一九五五年のサルトルへの鋭い批判を伴う論文の公刊は、本格的な絶交に至った。後になってようやく、メルロ＝ポンティの死の直前に、絶交の解消への努力はなされはした。こうした政治的アンガジュマンと並んで、メルロ＝ポンティは教職活動を継続し、ソルボンヌとコレージュ・ド・フランスでの講義のうちのいくつかが死後に出版された。メルロ＝ポンティはこの時期、たとえば、発達心理学、構造言語学、民俗学、精神分析のような比較的狭い意味での専門哲学の外部にある数多くの主題に取り組んでいた。一九六〇年に、諸論文からなる広範な作品集

『シーニュ』が出版され、そして一九六四年に、少なからぬ者によってメルロ＝ポンティの第二の主著とみなされる未完の『見えるものと見えないもの』が死後出版された。

エマニュエル・レヴィナス（Emmanuel Lévinas, 1906-1995）

レヴィナスはユダヤ人家庭の息子として一九〇六年一月一二日にリトアニアのカウナスで生まれた。一九二三年に哲学を学ぶためにストラスブールへ旅立ち、そしてここからかれの道は（かれがフッサールの許だけではなくハイデガーの許で研究した）フライブルクに至り、さらにパリに至った。一九三〇年にレヴィナスは、フランス国籍を取得した。同じ年かれは『フッサールの現象学における直観理論』という表題のもとに自身の博士論文を公刊し、それによってドイツ現象学の指導的なフランスの専門家の一人として名をなすことができた。この時期に、レヴィナスは同じくフッサールの『デカルト的省察』のフランス語訳に関与した。戦争勃発の際に、レヴィナスは動員され、フランス降伏後のほとんどの戦争の年をドイツの捕虜収容所での戦争捕虜として過ごさなければならなかった。けれども、かれは、リトアニアでナチスの絶滅政策の犠牲となったかれの家族の運命を免れた。

戦後、レヴィナスは東方イスラエル師範学校の校長となった。その後ポワチエ（一九六一年）、ナンテール（一九六七年）、最後には一九七三年以降パリのソルボンヌで教授職に就いた。かれの次の三つの著作『実存から実存者へ』（一九四七年）、『時間と他者』（一九四八年）、『フッサールとハイデガーと共に実存を発見しつつ』（一九四九年）は、なお判明にフッサールとハイデガーに負っているが、しかしまたすでに、他者との関係や倫理学と存在論の関係のようなレヴィナスの思考を刻印するはずである主題を先取りしているだろう。こうした研究はさしあたり一九六一年に、レヴィナスの最初の主著『全体性と無限』の公刊で最高潮に達する。『全体性と無限』の面と向かっての他者との遭遇の分析はレヴィナスの、ユダヤ哲学の研究、そしてここではとりわけ対話哲学的伝統（ローゼンツヴァイクとブーバー）の研究によってもまた影響されている。こうした思想を、レヴィナスは自分の第二の主著、多くの者によってかれの最も重要な——だがまた最も難解な——著作とみなされる、『存在とは別の仕方であるいは存在の彼方へ』（一九七四年）でなお徹底化する。数多くの哲学的著作と並んで、レヴィナスはまたいくつかのタルムード註解（とりわけ『タルムード四講話』（一九六八年）、『神聖から聖潔へ』（一九七七年）、『聖句の彼方』（一九八二年））も公刊した。レヴィナスは一九九五年一二月二五日にパリで亡くなった。

訳者あとがき

本書は、Dan Zahavi, *Phänomenologie für Einsteiger*, Wilhelm Fink, 2007 の全訳である。これは、もともとデンマーク語で出版された*Faenomenologi*, Roskilde Universitetsforlag, 2003 のドイツ語版である。著者ザハヴィに問い合わせたところ、両者に内容的な差異はなく、文献表にドイツ語版のみ追加があるとのことである。したがって、翻訳に際しては、ドイツ語版を底本とし、日本語のタイトルもドイツ語版に準拠して『初学者のための現象学』とした。

ダン・ザハヴィ（Dan Zahavi）は、一九六七年デンマーク、コペンハーゲン生まれ。現在コペンハーゲン大学教授であり、二〇〇二年以来、同大学の主観性研究センター長である。北欧現象学会の創設者であり、二〇〇一年から二〇〇七年までその会長を務めた。学術誌『現象学と認知科学（*Phenomenology and Cognitive Science*）』の創刊者であり、現在も共編者である。また『現象学研究（*Phänomenologische Forschungen*）』をはじめとする多くの主要な国際的研究誌の編集委員に名を連ねている。現在までに単著を八冊、共著を一冊公刊しており、そのうちの二冊が日本語に翻訳されている（『フッサールの現象学』晃洋書房、二〇〇三年、『現象学的な心』勁草書房、二〇一一年（ギャラガーとの共著))。こうした経歴と研究業績からも明らかなように、現代の現象学研究の第一線で活躍する国際的な指導的研究者の一人である。

本書の底本であるドイツ語版は、いくつかの出版社が共同で大学生用に出版している大学教科書シリーズ(Uni-Taschenbücher: UTB)に収められている。現象学についての入門的な講義のテクストとして用いられることが想定されているので、現象学全般にわたって、非常にコンパクトではあるが、簡にして要を得た論述がなされている。

主要な現象学者の重要な著作は、ほとんどが極めて大部のものであり、難解な術語を駆使して事象そのものへと向かおうとする厳密な思索を展開している。そのためなかなか簡単には手に取りにくいこともまた確かである。しかしながら、現象学が与えた甚大な影響を抜きにして現代の哲学を語ることはできないということを考えると、そうした理由から現象学が哲学に関心のある学生や一般読者に敬遠されてしまうのはあまりにも惜しい。

哲学に関心のある学生や一般読者を誤り導くことなしに、現象学に誘うためには、入門的でありながら、豊かな専門的研究に裏打ちされた本書はまさに最適だろうと思い至ったことが、翻訳の直接の動機である。読者にとって、最短距離で無駄なく的を貫くような本書の論述は、よき伴走者となるだろう。本書が、少しでも多くの方が現象学という豊かな鉱脈に直接取り組んでくださるきっかけとなることを希望している。

同志社大学文学部嘱託講師の島田喜行氏は、貴重な時間を割き、翻訳原稿全体に目を通した上で、貴重な意見を寄せてくださった。訳者一人での作業では避けがたい誤りが改善されているならば、島田氏のご協力によるものである。もちろん、なお残る誤りや理解の浅さによる誤解の責任はわたし一人にある。原文に忠実でありつつ、読みやすいものになることを心がけて訳しはしたが、訳者をつねに悩ませることになるこの二つの意図の両立がどの程度達成できているかについては、読者諸賢のご批判を請う次第である。訳者として、本書が少しでも多くの現象学に関心をもつ人たちに手にとっていただけることを願ってやまない。さらには、現象学の魅力に気づいていただくきっかけになることもまた心から願っている。

晃洋書房編集部の井上芳郎氏と吉永恵利加氏には、出版までいろいろとご配慮いただいた。最後に、最小にではなくお礼申し上げる。

二〇一五年一月

中村拓也

《著者紹介》
ダン・ザハヴィ（Dan Zahavi）
1967年　デンマーク、コペンハーゲン生まれ
現在　コペンハーゲン大学教授、同主観性研究センター長
〈主要業績〉
Husserl und die transzendentale Intersubjektivität（Kluwer, 1996）
Self-awareness and Alterity（Northwestern University Press, 1999）
（『自己意識と他性』中村拓也訳、法政大学出版局、2017年）
Husserl's Phenomenology（Stanford University Press, 2003）
（『フッサールの現象学』工藤和男・中村拓也訳、晃洋書房、2017年）
Subjectivity and Selfhood（MIT Press, 2005）
The Phenomenological Mind（Routledge, 2008）with Shaun Gallagher
（ギャラガー、ザハヴィ共著『現象学的な心』石原孝二ほか訳、勁草書房、2011年）
Self and Other（Oxford University Press, 2014）
（『自己と他者』中村拓也訳、晃洋書房、2017年）
Husserl's Legacy（Oxford University Press, 2017）
（『フッサールの遺産』中村拓也訳、法政大学出版局、2018年）

《訳者紹介》
中 村 拓 也（なかむら　たくや）
1976年生まれ
現在　同志社大学文学部教授

初学者のための現象学

2015年 4 月10日　初版第 1 刷発行
2024年 9 月15日　初版第 5 刷発行
＊定価はカバーに表示してあります

著　者　ダン・ザハヴィ
訳　者　中 村 拓 也
発行者　萩 原 淳 平

発行所　株式会社　晃 洋 書 房
〒615-0026　京都市右京区西院北矢掛町 7 番地
電話　075（312）0788番㈹
振替口座　01040-6-32280

ISBN978-4-7710-2610-0　印刷・製本　㈱NPCコーポレーション

文 献 表

I. 引用文献

Barber, M.: "Alfred Schutz", *The Stanford Encyclopedia of Philosophy* (Winter 2002 Edition), Edward N. Zalta (Hrg.), http://plato.stanford.edu/archives/win2002/ entries/schutz/

Berger, P.L. und Th. Luckmann: *The Social Construction of Reality: A Treatise in the Sociology of Knowledge*. New York: Doubleday, 1966.(『現実の社会的構成――知識社会学論考』山口節郎訳、新曜社、2003年)

Blankenburg, W.: *Der Verlust der natürlichen Selbstverständlichkeit*. Stuttgart: Ferdinand Enke Verlag, 1971.(『自明性の喪失:分裂病の現象学』木村敏・岡本進・島弘嗣共訳、みすず書房、1978年)

Caputo, J. D.: "The Question of Being and Transcendental Phenomenology: Reflections on Heidegger's Relationship to Husserl". In Chr. Macann (Hrg.): *Martin Heidegger – Critical Assessments I*. London: Routledge, 1992, 326-344.

Courtine, J.-F.: *Heidegger et la phénomenologie*. Paris: Vrin, 1990.

Derrida, J.: "Geschlecht. Différence sexuelle, différence ontologique". In M. Haar (Hrg.): *Cahier de l'Herne: Heidegger*. Paris: L'Herne, 1983.

Dufrenne, M.: *Phénoménologie de l'expérience esthétique*. Paris: PUF, 1953.

Fodor, J.: *Psychosemantics*. Cambridge, MA: MIT Press, 1987.

Galileo Galilei: "Il Saggiatore". In Galileo Galilei: *Opere*. Milano/Napoli: Riccardo Riccardi Editore, 1953.

Garfinkel, H.: *Studies in Ethnomethodology*. Englewood Cliffs, NJ: Prentice-Hall, 1967.

Gibson, J.J.: *The Ecological Approach to Visual Perception*. Hillsdale, NJ: Lawrence Erlbaum Associates, 1979.(『生態学的視覚論 ――ヒトの知覚世界を探る』古崎敬ほか訳、サイエンス社、1985年)

Gurwitsch, A.: *Phenomenology and the Theory of Science*. Evanston: Northwestern University Press, 1974.

Habermas, J.: *Theorie des kommunikativen Handelns II*. Frankfurt am Main: Suhrkamp, 1981.(『コミュニケイション的行為の理論』上・中・下、河上倫逸ほか訳、未来社、1985-7年)

Habermas, J.: *Zur Logik der Sozialwissenschaften*. Frankfurt am Main: Suhrkamp, 1982.(『社会科学の論理によせて』清水多吉ほか訳、国文社、1991年)

Habermas, J.: *Vorstudien und Ergänzungen zur Theorie des kommunikativen*

Handelns. Frankfurt am Main: Suhrkamp, 1984.（『意識論から言語論へ：社会学の言語論的基礎に関する講義（1970/1971）』森元孝・干川剛史訳、マルジュ社、1990年）

Habermas, J.: "Entgegnung". In A. Honneth und H. Joas (Hrsg.): *Kommunikatives Handeln*. Frankfurt am Main: Suhrkamp, 1986, 327-405.

Habermas, J.: *Nachmetaphysisches Denken*. Frankfurt am Main: Suhrkamp, 1988.（『ポスト形而上学の思想』藤澤賢一郎・忽那敬三訳、未来社、1990年）

Habermas, J.: *Der philosophische Diskurs der Moderne*. Frankfurt am Main: Suhrkamp, 1991.（『近代の哲学的ディスクルス』1-2、三島憲一ほか訳、岩波書店、1999年）

Heidegger, M.: *Wegmarken*. Frankfurt am Main: Vittorio Klostermann, 1978a.（ハイデッガー全集第9巻：『道標』辻村公一、ハルトムート・ブフナー訳、創文社、1985年）

Heidegger, M.: *Metaphysische Anfangsgründe der Logik im Ausgang von Leibniz*, Frankfurt am Main: Vittorio Klostermann, 1978b.（ハイデッガー全集第26巻：『論理学の形而上学的な始元諸根拠』酒井潔、ヴィル・クルンカー訳、創文社、2002年）

Heidegger, M.: *Prolegomena zur Geschichte des Zeitbegriffs*. Frankfurt am Main: Vittorio Klostermann, 1979.（ハイデッガー全集第20巻：『時間概念の歴史への序説』常俊宗三郎・嶺秀樹、レオ・デュムペルマン訳、創文社、1988年）

Heidegger, M.: *Sein und Zeit*. Tübingen: Max Niemeyer, 1986.（『存在と時間』高田珠樹訳、作品社、2013年）

Heidegger, M.: *Grundprobleme der Phänomenologie*. Frankfurt am Main: Vittorio Klostermann, 1989.（ハイデッガー全集第24巻：『現象学の根本諸問題』溝口兢一ほか訳、創文社、2001年）

Heidegger, M.: *Kant und das Problem der Metaphysik*. Frankfurt am Main: Vittorio Klostermann, 1991.（ハイデッガー全集第3巻：『カントと形而上学の問題』門脇卓爾、ハルトムート・ブフナー訳、創文社、2003年）

Heidegger, M.: *Zollikoner Seminare*. Frankfurt am Main: Vittorio Klostermann, 1994.（『ツォリコーン・ゼミナール』木村敏・村本詔司訳、みすず書房、1991年）

Husserl, E.: *Ideen zu einer reinen Phänomenologie und phänomenologischen Philosophie II*. Husserliana IV. Den Haag: Martinus Nijhoff, 1952（『イデーンII』1-2、立松弘孝ほか訳、みすず書房、2001-9年）

Husserl, E.: *Erste Philosophie II (1923-24)*. Husserliana VIII. Den Haag: Martinus Nijhoff, 1959.

Husserl, E.: *Die Krisis der europäischen Wissenschaften und die transzendentale Phänomenologie*. Husserliana VI. Den Haag: Martinus Nijhoff, 1962a.（『ヨーロッパ諸学の危機と超越論的現象学』細谷恒夫・木田元訳、中公文庫、1995年）

Husserl, E.: *Phänomenologische Psychologie*. Husserliana IX. Den Haag: Martinus Nijhoff, 1962b.

Husserl, E.: *Analysen zur passiven Synthesis*. Husserliana XI. Den Haag, Martinus Nijhoff, 1966.（『受動的綜合の分析』山口一郎・田村京子訳、国文社、1997年）

Husserl, E.: *Ideen zu einer reinen Phänomenologie und phänomenologischen Philosophie III*. Husserliana V. Den Haag: Martinus Nijhoff, 1971.（『イデーンⅢ』渡邊二郎・千田義光訳、みすず書房、2010年）

Husserl, E.: *Cartesianische Meditationen und Pariser Vorträge*. Husserliana I. Den Haag: Martinus Nijhoff, 1973a.（『デカルト的省察』浜渦辰二訳、岩波文庫、2001年）

Husserl, E.: *Zur Phänomenologie der Intersubjektivität I*. Husserliana XIII. Den Haag: Martinus Nijhoff, 1973b.（『間主観性の現象学』Ⅰ-Ⅲ、浜渦辰二・山口一郎監訳、ちくま学芸文庫、2012-5年）

Husserl, E.: *Zur Phänomenologie der Intersubjektivität II*. Husserliana XIV. Den Haag: Martinus Nijhoff, 1973c.（『間主観性の現象学』Ⅰ-Ⅲ、浜渦辰二・山口一郎監訳、ちくま学芸文庫、2012-5年）

Husserl, E.: *Zur Phänomenologie der Intersubjektivität III*. Husserliana XV. Den Haag: Martinus Nijhoff, 1973d.（『間主観性の現象学』Ⅰ-Ⅲ、浜渦辰二・山口一郎監訳、ちくま学芸文庫、2012-5年）

Husserl, E.: *Ding und Raum*. Husserliana XVI. Den Haag: Martinus Nijhoff, 1973e.

Husserl, E.: *Formale und Transzendentale Logik*. Husserliana XVII. Den Haag: Martinus Nijhoff, 1974.（『形式論理学と超越論的論理学』立松弘孝訳、みすず書房、2015年）

Husserl, E.: *Ideen zu einer reinen Phänomenologie und phänomenologischen Philosophie I*. Husserliana III/1-2. Den Haag: Martinus Nijhoff, 1976.（『イデーンⅠ』1-2、渡邊二郎訳、みすず書房、1979-84年）

Husserl, E.: *Phantasie, Bildbewusstsein, Erinnerung*. Husserliana XXIII. Dordrecht: Kluwer, 1980.

Husserl, E.: *Logische Untersuchungen II*. Husserliana XIX/1-2. Den Haag: Martinus Nijhoff, 1984.（『論理学研究』1-4、立松弘孝ほか訳、みすず書房、1968-76年）

Husserl, E.: *Aufsätze und Vorträge (1911-1921)*. Husserliana XXV. Den Haag: Martinus Nijhoff, 1987.

Ingarden, R.: *Das literarische Kunstwerk*. Halle: M. Niemeyer, 1931.（『文学的芸術作品』瀧内槇雄・細井雄介訳、勁草書房、1998年）

Lévinas, E.: *Le temps et l'autre*. Paris: Fata Morgana, 1979. / Dt. Lévinas, E.: *Die Zeit und der Andere*. Hamburg: Meiner, 1995.（『時間と他者』原田佳彦訳、法政大学出版局、2012年）

Lévinas, E.: *De Dieu qui vient à l'idée*. Paris: Vrin, 1982.（『観念に到来する神について』内田樹訳、国文社、1998年）

Luhmann, N.: "Intersubjektivität oder Kommunikation: unterschiedliche Ausgangspunkte soziologischer Theorienbildung." *Archivio di Filosofia* 54 (1986), 41-60.

Luhmann, N.: *Soziale Systeme. Grundriss einer allgemeinen Theorie*. Frankfurt am Main 1991.（『社会システム理論』上・下、佐藤勉監訳、恒星社厚生閣、1993-5年）

Luhmann, N.: "Instead of a Preface." In N. Luhmann: *Social Systems*. Stanford 1995.

Meyer-Drawe, K.: *Leiblichkeit und Sozialität. Phänenomenologische Beiträge zu einer pädagogischen Theorie der Inter-Subjektivität*. München: Wilhelm Fink, 1987.

Merleau-Ponty, M.: *Phénoménologie de la perception*. Paris: PUF, 1945.（『知覚の現象学』1-2、竹内芳郎ほか訳、みすず書房、1967-74年）

Merleau-Ponty, M.: *Signes*. Paris: Gallimard, 1960.（『シーニュ』1-2、竹内芳郎訳、みすず書房、1969-70年）

Merleau-Ponty, M.: *Le visible et l'invisible*. Paris: Gallimard, 1964.（『見えるものと見えないもの』滝浦静雄・木田元訳、みすず書房、1989年）

Merleau-Ponty, M.: *Sens et non-sens*. Paris: Gallimard, 1996.（『意味と無意味』滝浦静雄ほか訳、みすず書房、1983年）

Mill, J.S.: *An Examination of Sir William Hamilton's Philosophy*. London: Longmans, 1867.

Minkowski, E.: *La schizophrènie. Psychopathologie des schizoïdes et des schizophrènes*. Paris: Payot, 1927.（『精神分裂病』村上仁訳、みすず書房、1988年）

Natorp, P.: *Allgemeine Psychologie nach kritischer Methode*. Tübingen: J.C.B. Mohr, 1912.

Norberg-Schulz, Ch.: *Genius Loci: Towards a Phenomenology of Architecture*. New York: Rizzoli, 1985.

Øverenget, E.: *Seeing the Self. Heidegger on Subjectivity*. Dordrecht: Kluwer, 1998.

Øvergaard, S.: *Husserl and Heidegger on Being and World*. Dordrecht: Kluwer, 2004.

Pietersma, H.: *Phenomenological Epistemology*. Oxford: Oxford University Press, 1999.

Sartre, J.-P.: *L'être et le néant*. Paris: Gallimard, 1943.（『存在と無』Ⅰ-Ⅲ、松浪信三郎訳、ちくま学芸文庫、2007-8年）

Sass, L.: *Madness and Modernism: Insanity in the Light of Modern Art, Literature, and Thought*. New York: Basic Books, 1992.

Schmid, H. B.: *Subjekt, System, Diskurs*. Dordrecht: Kluwer Academic Publishers, 2000.

Schuhmann, K.: *Husserls Staatsphilosophie*. Freiburg: Karl Alber, 1988.

Schutz, A.: *The Problem of Social Reality. Collected Papers I.* Den Haag: Martinus Nijhoff, 1962.（アルフレッド・シュッツ著作集第1巻・第2巻：モーリス・ナタンソン編『社会的現実の問題』［Ⅰ］－［Ⅱ］、渡部光ほか訳、マルジュ社、1983-5年）

Schutz, A.: *Studies in Social Theory. Collected Papers II.* Den Haag: Martinus Nijhoff, 1964.（アルフレッド・シュッツ著作集第3巻：アーヴィット・ブロダーセン編『社会理論の研究』渡部光ほか訳、マルジュ社、1991年）

Schutz, A.: *Studies in Phenomenological Philosophy. Collected Papers III.* Den Haag: Martinus Nijhoff, 1966.（アルフレッド・シュッツ著作集第4巻：イルゼ・シュッツ編『現象学的哲学の研究』渡部光ほか訳、マルジュ社、1998年）

Schütz, A. und Th. Luckmann: *Strukturen der Lebenswelt I-II.* Frankfurt am Main: Suhrkamp, 1979.（『生活世界の構造』那須壽監訳、ちくま学芸文庫、2015年）

Schütz, A.: *Der sinnhafte Aufbau der sozialen Welt. Eine Einleitung der sozialen Welt.* 1932/1991.（『社会的世界の意味構成——ウェーバー社会学の現象学的分析』佐藤嘉一訳、木鐸社、2006年）

Sheets-Johnstone, M.: *The Primacy of Movement*, Amsterdam: Benjamins, 1999.

Strasser, S.: *Phenomenology and the Human Sciences: A Contribution to a New Scientific Ideal.* Pittsburgh, PA: Duquesne University Press, 1963.（『人間科学の理念——現象学と経験科学との対話——』徳永恂・加藤精司訳、新曜社、1978年）

Tugendhat, E.: *Der Wahrheitsbegriff bei Husserl und Heidegger.* Berlin: de Gruyter, 1970.

Waldenfels, B.: *Topographie des Fremden. Studien zur Phänomenologie des Fremden I.* Frankfurt am Main: Suhrkamp, 1997.

Zahavi, D.: *Husserl und die transzendentale Intersubjektivität. Eine Antwort auf die sprachpragmatische Kritik.* Dordrecht/Boston/London: Kluwer Academic Publishers, 1996.

Zahavi, D.: *Self-Awareness and Alterity. A Phenomenological Investigation.* Evanston: Northwestern University Press, 1999.（『自己意識と他性——現象学的探究——』中村拓也訳、法政大学出版局、2017年）

Zahavi, D.: "Alterity in Self." *Arob@se* 4/1-2, 2000, 125-142.

Zahavi, D.: "Merleau-Ponty on Husserl. A Reappraisal." In T. Toadvine und L. Embree (Hrsg.): *Merleau-Ponty's Reading of Husserl.* Kluwer Academic Publishers, Dordrecht, 2002a, 3-29.

Zahavi, D.: "First-person Thoughts and Embodied Self-awareness. Some

Reflections on the Relation between Recent Analytical Philosophy and Phenomenology." *Phenomenologyand the Cognitive Sciences* 1, 2002b, 7-26.

Zahavi, D.: "Review of Hans Bernhard Schmid, *Subjekt, System, Diskurs.*" *Husserl Studies* 18/2, 2002c, 157-164.

Zahavi, D.: "Intersubjectivity in Sartre's *Being and Nothingness.*" *Alter* 10, 2002d, 265-281.

Zahavi, D.: *Husserl's Phenomenology*. Stanford: Stanford University Press, 2003.（『フッサールの現象学』工藤和男・中村拓也訳、晃洋書房、2017年）

Ⅱ．文献案内

A．現象学への導入的文献

Hammond, M., J. Howarth und R. Keat: *Understanding Phenomenology*. Oxford: Blackwell, 1991.

Waldenfels, B.: *Einführung in die Phänomenologie*. Stuttgart: UTB, 1992.

Moran, D.: *Introduction to Phenomenology*. London: Routledge, 2000.

Sokolowski, R.: *Introduction to Phenomenology*. Cambridge: Cambridge University Press, 2000.

Pietersma, H.: *Phenomenological Epistemology*. Oxford: Oxford University Press, 2000.

木田元『現象学』岩波新書、1970年

新田義弘『現象学』講談社学術文庫、2013年

植村玄輝、八重樫徹、吉川孝編『現代現象学――経験から始める哲学入門』新曜社、2017年

B．フッサール

フッサールの全集：フッサリアーナ（*Husserliana*）が Springerから刊行中である。

Ⅰ．邦訳テクスト

フッサール『論理学研究』1-4、立松弘孝ほか訳、みすず書房、1968-76年

フッサール『内的時間意識の現象学』谷徹訳、ちくま学芸文庫、2016年

フッサール『現象学の理念』立松弘孝訳、みすず書房、1965年

フッサール『イデーンⅠ』1-2、渡邊二郎訳、みすず書房、1979-84年

フッサール『イデーンⅡ』1-2、立松弘孝ほか訳、みすず書房、2001-9年

フッサール『イデーンⅢ』渡邊二郎・千田義光訳、みすず書房、2010年

フッサール『ブリタニカ草稿』谷徹訳、ちくま学芸文庫、2004年

フッサール『受動的綜合の分析』山口一郎・田村京子訳、国文社、1997年

フッサール『能動的綜合――講義・超越論的論理学1920-21』山口一郎、中山純一訳、

知泉書館、2020年
フッサール『形式論理学と超越論的論理学』立松弘孝訳、みすず書房、2015年
フッサール『経験と判断』長谷川宏訳、河出書房新社、1999年
フッサール『デカルト的省察』浜渦辰二訳、岩波文庫、2001年
フッサール『間主観性の現象学Ⅰ——その方法』浜渦辰二・山口一郎監訳、ちくま学芸文庫、2012年
フッサール『間主観性の現象学Ⅱ——その展開』浜渦辰二・山口一郎監訳、ちくま学芸文庫、2013年
フッサール『間主観性の現象学Ⅲ——その行方』浜渦辰二・山口一郎監訳、ちくま学芸文庫、2015年
フッサール『ヨーロッパ諸学の危機と超越論的現象学』細谷恒夫・木田元訳、中公文庫、1995年
立松弘孝編『フッサール・セレクション』平凡社ライブラリー、2009年

Ⅱ. 二次文献

Sokolowski, R.: *Husserlian Meditations*. Evanston: Northwestern University Press, 1974.
Bernet, R., I. Kern, E. Marbach: *An Introduction to Husserlian Phenomenology*. Evanston: Northwestern University Press, 1993.（『フッサールの思想』千田義光ほか訳、哲書房、1994年）
Welton, D.: *The Other Husserl: The Horizons of Transcendental Phenomenology*. Bloomington: Indiana University Press, 2002.
Prechtl, P.: *Husserl zur Einführung*. Hamburg: Junius, 2002.
Zahavi, D.: *Husserl's Phenomenology*. Stanford: Stanford University Press, 2003.（『フッサールの現象学』工藤和男・中村拓也訳、晃洋書房、2017年）
谷徹『これが現象学だ』講談社現代新書、2002年
田口茂『現象学という思考』筑摩選書、2014年
山口一郎『現象学ことはじめ——日常に目覚めること』白桃書房、2023年

C. ハイデガー

ハイデガーの日本語版全集（『ハイデッガー全集』）は東京大学出版会から刊行中である。

Ⅰ. 全集以外の邦訳テクスト

ハイデガー『存在と時間』上・下、細谷貞雄訳、ちくま学芸文庫、1994年
ハイデガー『存在と時間』I-III、渡邊二郎訳、中公クラシックス、2003年
ハイデガー『存在と時間』(一) - (四)、熊野純彦訳、岩波文庫、2013年
ハイデガー『存在と時間』高田珠樹訳、作品社、2013年

ハイデッガー『ヒューマニズムについて』渡邊二郎訳、ちくま学芸文庫、1997年
ハイデガー『アリストテレスの現象学的解釈――「存在と時間」への道――』高田珠樹訳、平凡社、2008年
ハイデガー『現象学の根本問題』木田元監訳、作品社、2010年
ハイデッガー『形而上学入門』川原栄峰訳、平凡社ライブラリー、1994年
ハイデッガー『ニーチェ』Ⅰ・Ⅱ、細谷貞雄監訳、平凡社ライブラリー、1997年
ハイデッガー『言葉についての対話』高田珠樹訳、平凡社ライブラリー、2000年
ハイデッガー『ハイデッガー　カッセル公演』関口浩訳、平凡社ライブラリー、2006年
ハイデッガー『芸術作品の根源』関口浩訳、平凡社ライブラリー、2008年
ハイデッガー『技術への問い』関口浩訳、平凡社ライブラリー、2013年
ハイデガー『技術とは何か――三つの講演』森一郎編訳、2019年

Ⅱ．二次文献

Safranski, R.: *Ein Meister aus Deutschland. Heidegger und seine Zeit.* Frankfurt am Main: Fischer, 2001.(『ハイデガー――ドイツが生んだ巨匠とその時代――』山本尤訳、法政大学出版局、1996年)
Steiner, G.: *Martin Heidegger.* Chicago: University of Chicago Press, 1991.（『マルティン・ハイデガー』生松敬三訳、岩波現代文庫、2000年）
Thomä, D.: *Heidegger-Handbuch.* Stuttgart: Metzler, 2003.
Pöggeler, O.: *Der Denkweg Martin Heideggers.* Neske: Klett-Cotta, 1994.（『ハイデッガーの根本問題――ハイデガー思惟の道』大橋良介・溝口宏平訳、晃洋書房、1979年）
Figal, G.: *Martin Heidegger zur Einführung.* Hamburg: Junius Verlag, 1999.（『ハイデガー入門』伊藤徹訳、世界思想社、2003年）
木田元『ハイデガーの思想』岩波新書、1993年
細川亮一『ハイデガー入門』ちくま新書、2001年
古東哲明『ハイデガー=存在神秘の哲学』講談社現代新書、2002年
高田珠樹『ハイデガー』講談社学術文庫、2014年
轟孝夫『ハイデガー『存在と時間』入門』講談社現代新書、2017年
池田喬『ハイデガー『存在と時間』を解き明かす』NHKブックス、2021年
高井ゆと里『ハイデガー――世界内存在を生きる』講談社選書メチエ、2022年
轟孝夫『ハイデガーの哲学――『存在と時間』から後期の思索まで』講談社現代新書、2023年
秋富克哉ほか編『ハイデガー読本』法政大学出版局、2014年
秋富克哉ほか編『続・ハイデガー読本』法政大学出版局、2016年
ハイデガー・フォーラム編『ハイデガー事典』昭和堂、2021年

D. メルロ-ポンティ

Ⅰ. 邦訳テクスト

メルロ=ポンティ『知覚の本性』加賀野井秀一訳、法政大学出版局、1988年
メルロ=ポンティ『行動の構造』滝浦静雄・木田元訳、みすず書房、1964年
メルロ=ポンティ『知覚の現象学』上・下、竹内芳郎ほか訳、みすず書房、1967-74年
メルロ=ポンティ『意味と無意味』滝浦静雄ほか訳、みすず書房、1983年
メルロ=ポンティ『弁証法の冒険』滝浦静雄ほか訳、みすず書房、1983年
メルロ=ポンティ『シーニュ』１・２、竹内芳郎監訳、みすず書房、1969-70年
メルロ=ポンティ『目と精神』滝浦静雄、木田元訳、みすず書房、1966年
メルロ=ポンティ『見えるものと見えないもの』滝浦静雄・木田元訳、みすず書房、1989年
メルロ=ポンティ『世界の散文』滝浦静雄・木田元訳、みすず書房、1979年
メルロ=ポンティ『知覚の哲学』菅野盾樹訳、ちくま学芸文庫、2011年
メルロ=ポンティ『メルロ=ポンティ・コレクション』中山元訳、ちくま学芸文庫、1999年
メルロ＝ポンティ『心身の合一――マールブランシュとビランとベルクソンにおける』滝浦静雄・中村文郎・砂原陽一訳、ちくま学芸文庫、2007年
メルロ＝ポンティ『コレージュ・ド・フランス講義草稿1959-1961』松葉祥一・廣瀬浩司・加國尚志訳、みすず書房、2019年
メルロ＝ポンティ『自然――コレージュ・ド・フランス講義ノート』松葉祥一・加國尚志訳、みすず書房、2020年
メルロ=ポンティ『精選　シーニュ』廣瀬浩司訳、ちくま学芸文庫、2020年

木田元編『メルロ=ポンティ・コレクション』1-7、みすず書房、2001-2年
　1『人間の科学と現象学』木田元・竹内芳郎訳、2001年
　2『哲学者とその影』木田元・滝浦静雄訳、2001年
　3『幼児の対人関係』木田元・滝浦静雄訳、2001年
　4『間接的言語と沈黙の声』木田元・朝比奈誼訳、2002年
　5『言語の現象学』木田元・竹内芳郎訳、2002年
　6『ヒューマニズムとテロル』合田正人訳、2002年
　7『政治と弁証法』木田元・海老坂武訳、2002年

Ⅱ. 二次文献

Kwant, R. C.: *The Phenomenological Philosophy of Merleau-Ponty*. Pittsburgh, PA: Duquesne University Press, 1963.（『メルロ=ポンティの現象学的哲学』滝浦静雄ほか訳、国文社、1976年）

Madison, G. B.: *Merleau-Ponty's Phenomenology*. Athens: Ohio University Press, 1981.
Dillon, M. C.: *Merleau-Ponty's Ontology*. Evanston: Northwestern University Press, 1997.
Bermes, Chr.: *Merleau-Ponty zur Einführung*. Hamburg: Junius, 2004.
熊野純彦『メルロ=ポンティ』日本放送出版協会、2005年
加賀野井秀一『メルロ=ポンティ——触発する思想——』白水社、2009年
松葉祥一・本郷均・廣瀬浩司編『メルロ＝ポンティ読本』法政大学出版局、2018年
鷲田清一『メルロ=ポンティ』講談社学術文庫、2020年

E. **サルトル**

『サルトル全集』が人文書院から刊行されている。

Ⅰ. 邦訳テクスト（本書の主題と関連のあるもの）

サルトル『実存主義とは何か』伊吹武彦・海老坂武訳、人文書院、1996年
サルトル『自我の超越・情動論素描』竹内芳郎訳、人文書院、2000年
サルトル『哲学・言語論集』鈴木道彦・海老坂武訳、人文書院、2001年
サルトル『存在と無』Ⅰ-Ⅲ、松浪信三郎訳、ちくま学芸文庫、2007年
サルトル『新訳　嘔吐』鈴木道彦訳、人文書院、2010年
サルトル『主体性とは何か？』澤田直・水野浩二訳、白水社、2015年
サルトル『イマジネール』澤田直・水野浩二訳、講談社学術文庫、2020年

Ⅱ. 二次文献

Hartmann, K.: *Die Philosophie J.-P. Sartres*. Berlin: De Gruyter, 1983.
Cohen-Solal, A.: *Sartre 1905-1980*. Reinbek: Rowohlt, 2002.
Kampits, P.: *Jean-Paul Sartre*. München: Beck, 2004.
松浪信三郎『サルトル』勁草書房、1994年
澤田直『新・サルトル講義—未完の思想、実存から倫理へ』平凡社新書、2002年
海老坂武『サルトル——「人間」の思想の可能性——』岩波新書、2005年
梅木達郎『サルトル——失われた直接性を求めて——』日本放送出版協会、2006年
澤田直編『サルトル読本』法政大学出版局、2015年
澤田直『サルトルのプリズム—二十世紀フランス文学・思想論』法政大学出版局、2019年
熊野純彦『サルトル——全世界を獲得するために——』講談社選書メチエ、2022年
赤阪辰太郎『サルトル——風通しのよい哲学』大阪大学出版会、2024年

F. レヴィナス

Ⅰ．邦訳テクスト（本書の主題と関連のあるもの）
レヴィナス『フッサール現象学の直観理論』佐藤真理人・桑野耕三訳、法政大学出版局、1991年
レヴィナス『実存から実存者へ』西谷修訳、ちくま学芸文庫、2005年
レヴィナス『時間と他者』原田佳彦訳、法政大学出版局、2012年
レヴィナス『全体性と無限』藤岡俊博訳、講談社学術文庫、2020年
レヴィナス『実存の発見――フッサールとハイデガーと共に――』佐藤真理人ほか訳、法政大学出版局、1996年
レヴィナス『存在の彼方へ』合田正人訳、講談社学術文庫、1999年
レヴィナス『倫理と無限』西山雄二訳、ちくま学芸文庫、2010年
レヴィナス『困難な自由』合田正人監訳、三浦直希訳、法政大学出版局、2008年
レヴィナス『観念に到来する神について』内田樹訳、国文社、1998年
レヴィナス『他性と超越』合田正人・松丸和弘訳、法政大学出版局、2010年
レヴィナス『レヴィナス・コレクション』合田正人訳、ちくま学芸文庫、1999年
レヴィナス『レヴィナス著作集』全三巻、三浦直希・藤岡俊博・渡名喜庸哲訳、法政大学出版局、2014-2018年

Ⅱ．二次文献
Bernasconi, R. und S. Critchley（Hrsg.）: *Re-reading Levinas*. Bloomington: Indiana University Press, 1991.
Malka, S.: *Emmanuel Lévinas*. München: Beck, 2004.（『レヴィナスを読む』内田樹訳、国文社、1996年）
Peperzak, A.: *To the Other: An Introduction to the Philosophy of Emmanuel Levinas*. Ashland: Purdue University Press, 1993.
Stegmaier, W.: *Lévinas*. Freiburg: Herder, 2002
Taureck. B.: *Lévinas zur Einführung*. Hamburg: Junius, 2006.
熊野純彦『レヴィナス入門』ちくま新書、1999年
合田正人『レヴィナスを読む――〈異常な日常〉の思想――』ちくま学芸文庫、2011年
マルカ『評伝レヴィナス――生と痕跡』斎藤慶典・渡名喜庸哲・小手川正二郎訳、慶應義塾大学出版会、2016年
佐藤義之『レヴィナス――「顔」と形而上学のはざまで』講談社学術文庫、2020年
レヴィナス協会編『レヴィナス読本』法政大学出版局、2022年
村上靖彦『傷の哲学、レヴィナス』河出書房新社、2023年
ペリュション『レヴィナスを理解するために――倫理・ケア・正義』渡名喜庸哲・樋口雄哉・犬飼智仁訳、明石書店、2023年

G. 身体の哲学

Franck, D.: *Chair et Corps*. Paris: Les Éditions de Minuit, 1981.

Leder, D.: *The Absent Body*. Chicago: Chicago University Press, 1990.

Sheets-Johnstone, M.: *The Primacy of Movement*. Amsterdam: John Benjamins, 1999.

Waldenfels, B.: *Das leibliche Selbst. Vorlesungen zur Phänomenologie des Leibes*. Frankfurt am Main: Suhrkamp, 2001.（『講義・身体の現象学――身体という自己』山口一郎・鷲田清一監訳、知泉書館、2004年）

H. 相互主観性の問題構制

Waldenfels, B.: *Das Zwischenreich des Dialogs: Sozialphilosophische Untersuchungen in Anschluss an Edmund Husserl*. The Hague: Martinus Nijhoff, 1971.（「対話の中間領域」山口一郎訳、新田義弘・村田純一編『現象学の展望』国文社、1986年）

Hart, J.G.: *The Person and the Common Life*. Kluwer, Dordrecht 1992.

Theunissen, M.: *Der Andere*. Berlin: De Gruyter, 1995.

Steinbock, A.: *Home and Beyond. Generative Phenomenology after Husserl*. Evanston: Northwestern University Press, 1995.

Zahavi, D.: *Husserl and Transcendental Intersubjectivity. A Response to the Linguistic-Pragmatic Critique*. Athens, Ohio University Press, 2001.

山口一郎『他者経験の現象学』国文社、1985年

浜渦辰二『間主観性の現象学』創文社、1995年

工藤和男『フッサール現象学の理路――『デカルト的省察』研究――』晃洋書房、2001年

石田三千雄『フッサール相互主観性の研究』ナカニシヤ出版、2007年

鈴木崇志『フッサールの他者論から倫理学へ』勁草書房、2021年

I. 現象学的社会学

Berger, P. L.: *Invitation to Sociology: A Humanistic Perspective*. New York: Anchor. 1963.（『社会学への招待』水野節・村上研一訳、ちくま学芸文庫、2017年）

Natanson, M. (red.): *Phenomenology and Social Reality*. The Hague: Nijhoff, 1973.

Psathas, G. (red.): *Phenomenological Sociology: Issues and Applications*. New York: Wiley, 1973.

Bogdan, R. und S. J. Taylor: *Introduction to Qualitative Research Methods: A Phenomenological Approach to the Social Sciences*. New York: Wiley, 1975.

Luckmann, T. (Hrg.): *Phenomenology and Sociology: Selected Readings*. New York: Penguin, 1978.

Aho, J. A.: *The Things of the World: A Social Phenomenology*. Westport, Conn.:

Praeger. 1998.
Bühl, W. L.: *Phänomenologische Soziologie. Ein kritischer Überblick.* Konstanz: UVK, 2007.
廣松渉『現象学的社会学の祖型——A. シュッツ研究ノート』青土社、1991年
西原和久編『現象学的社会学の展開——A. シュッツ継承へ向けて』青土社、1991年
森元孝『アルフレート・シュッツのウィーン——社会科学の自由主義的転換の構想とその時代』新評社、1995年
西原和久『意味の社会学——現象学的社会学の冒険』弘文堂、1998年
西原ほか『現象学的社会学は何を問うのか』勁草書房、1998年
山田富秋『日常性批判——シュッツ、ガーフィンケル、フーコー』せりか書房、2000年
森元孝『アルフレッド・シュッツ——主観的時間と社会的空間』東信堂、2001年
西原和久『自己と社会——現象学の社会理論と「発生的社会学」——』新泉社、2003年
李晟台『日常という審級——アルフレッドにおける他者・リアリティ・超越』東信堂、2005年
多田光宏『社会的世界の時間構成——社会学的現象学としての社会システム理論』ハーベスト社、2013年
ワーグナー『アルフレッド・シュッツ——他者と日常生活世界の意味を問い続けた「知の巨人」』明石書店、2018年
高艸賢『シュッツの社会科学認識論——社会の探求が生まれるところ』晃洋書房、2023年